全国期货从业人员执业资格考试热题库

期货法律法规

全国资格认证考试热题库编委会
邵冰　主编

策划编辑：陈希尔
封面设计：砚祥志远·激光照排

联系我们：
地址：辽宁省大连市沙河口区星海大厦
电话：0411-84669496
邮箱：retiku@retiku.cn

如有任何疑问
请联系客服人员

扫一扫，关注中国纺织出版社热题库系列

中国纺织出版社
热题库

中国纺织出版社
官方微信大众版

中国纺织出版社
官方微博

中国纺织出版社
天猫旗舰店

ISBN 978-7-5180-4027-8

定价：58.00元

中国纺织出版社
全国百佳出版单位
国家一级出版社

内 容 提 要

本书主要依据期货从业人员资格考试大纲中的"期货法律法规"科目要求而编写，内容涵盖思维导图、模拟试卷、热题库三部分，思维导图能够帮助读者理清复习脉络，模拟试卷可以帮助读者检测复习效果，热题库可以帮助读者逐一击破考试重点、难点及易错点，增强应试能力。

图书在版编目（CIP）数据

全国期货从业人员执业资格考试热题库. 期货法律法规 / 全国资格认证考试热题库编委会，邵冰主编. — 北京：中国纺织出版社，2017.11
（全国资格认证考试热题库）
ISBN 978-7-5180-4027-8

Ⅰ. ①全… Ⅱ. ①全… ②邵… Ⅲ. ①期货交易—从业人员—中国—资格考试—习题集 ②期货交易—法规—汇编—中国—资格考试—习题集 Ⅳ. ①F830.9-44

中国版本图书馆CIP数据核字（2017）第219552号

策划编辑：陈希尔　责任印制：储志伟

中国纺织出版社出版发行
地址：北京市朝阳区百子湾东里A407号楼　邮政编码：100124
销售电话：010—67004422　传真：010—87155801
http://www.c-textilep.com
E-mail: faxing@c-textilep.com
中国纺织出版社天猫旗舰店
官方微博http://weibo.com/2119887771
三河市延风印装有限公司印刷　各地新华书店经销
2017年11月第1版第1次印刷
开本：787×1092　1/16　印张：9.5
字数：221千字　定价：58.00元

凡购本书，如有缺页、倒页、脱页，由本社图书营销中心调换

纺织社资格考试系列热题库

全国银行业专业人员职业资格考试热题库

《银行业法律法规与综合能力》（初级）
《银行业法律法规与综合能力》（中级）
《风险管理》（初级）
《风险管理》（中级）
《个人贷款》（初级）
《个人贷款》（中级）
《个人理财》（初级）
《个人理财》（中级）
《公司信贷》（初级）
《公司信贷》（中级）
《银行管理》（初级）
《银行管理》（中级）

全国期货从业人员执业资格考试热题库

《期货法律法规》
《期货基础知识》
《期货投资分析》

全国证券从业人员执业资格考试热题库

《金融市场基础知识》
《证券市场基本法律法规》

全国基金从业人员执业资格考试热题库

《基金法律法规、职业道德与业务规范》
《证券投资基金基础知识》
《私募股权投资基金基础知识》

心理咨询师国家职业资格考试热题库

《心理咨询师》（二级）
《心理咨询师》（三级）

目 录

一、热题库使用说明

二、思维导图

    第一章 期货交易管理条例
    第二章 期货投资者保障基金管理暂行办法
    第三章 期货交易所管理办法
    第四章 期货公司监督管理办法
    第五章 期货公司董事、监事和高级管理人员任职资格管理办法
    第六章 期货从业人员管理办法
    第七章 期货公司首席风险官管理规定（试行）
    第八章 期货公司金融期货结算业务试行办法
    第九章 期货公司风险监管指标管理办法
    第十章 证券公司为期货公司提供中间介绍业务试行办法
    第十一章 期货市场客户开户管理规定
    第十二章 关于建立金融期货投资者适当性制度的规定（试行）
    第十三章 期货公司期货投资咨询业务试行办法
    第十四章 期货公司资产管理业务试点办法
    第十五章 期货从业人员执业行为准则（修订）
    第十六章 期货公司执行金融期货投资者适当性制度管理规则（修订）
    第十七章 中华人民共和国刑法修正案
    第十八章 中华人民共和国刑法修正案（六）摘选
    第十九章 最高人民法院关于审理期货纠纷案件若干问题的规定
    第二十章 最高人民法院关于审理期货纠纷案件若干问题的规定（二）
    第二十一章 金融期货投资者适当性制度实施办法
    第二十二章 金融期货投资者适当性标准操作指引

三、模拟试卷

    《期货法律法规》模拟试卷（一）
    《期货法律法规》模拟试卷（二）
    《期货法律法规》模拟试卷（三）

参考答案及解析

第一章 期货交易管理条例

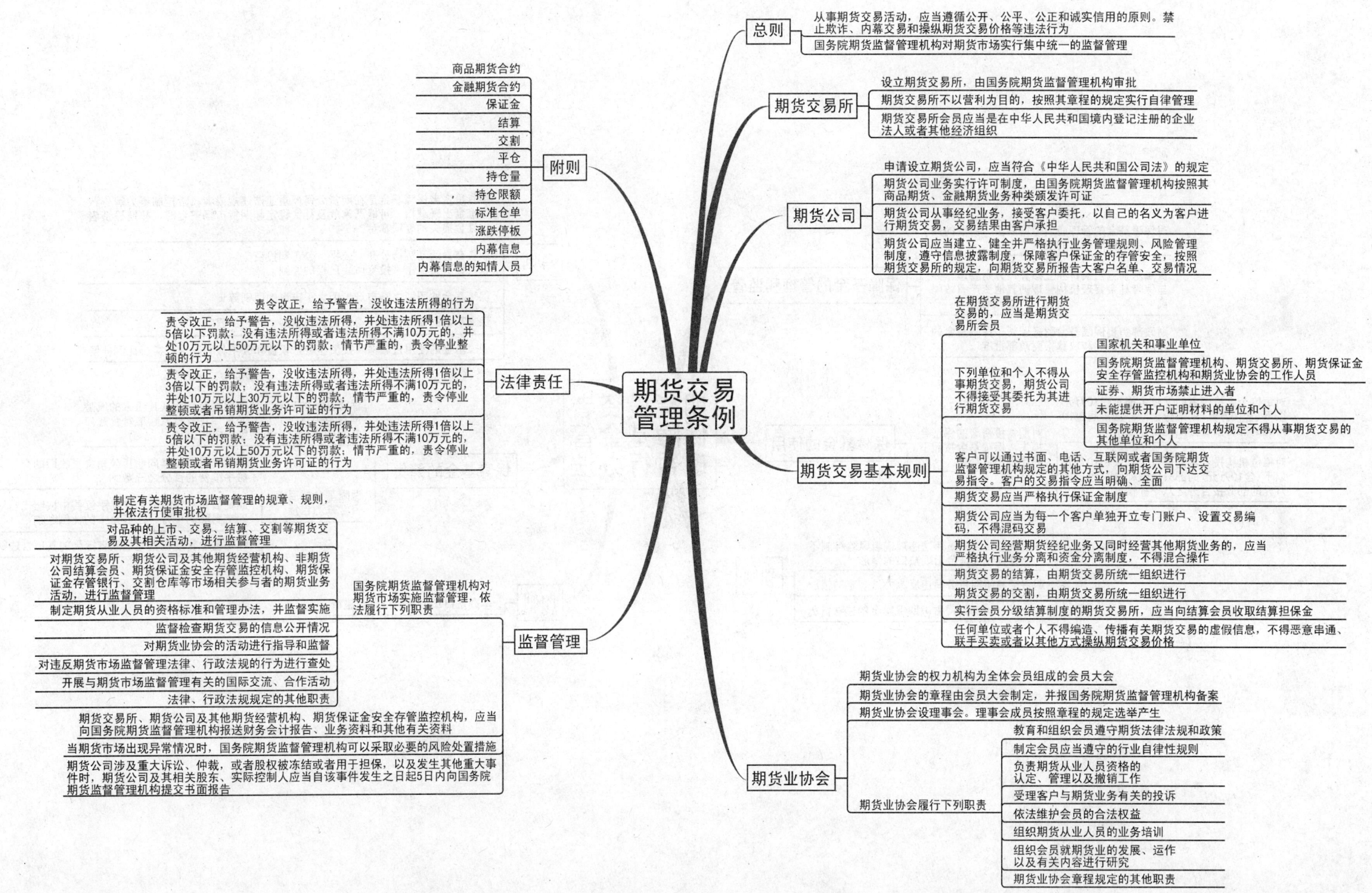

第二章 期货投资者保障基金管理暂行办法

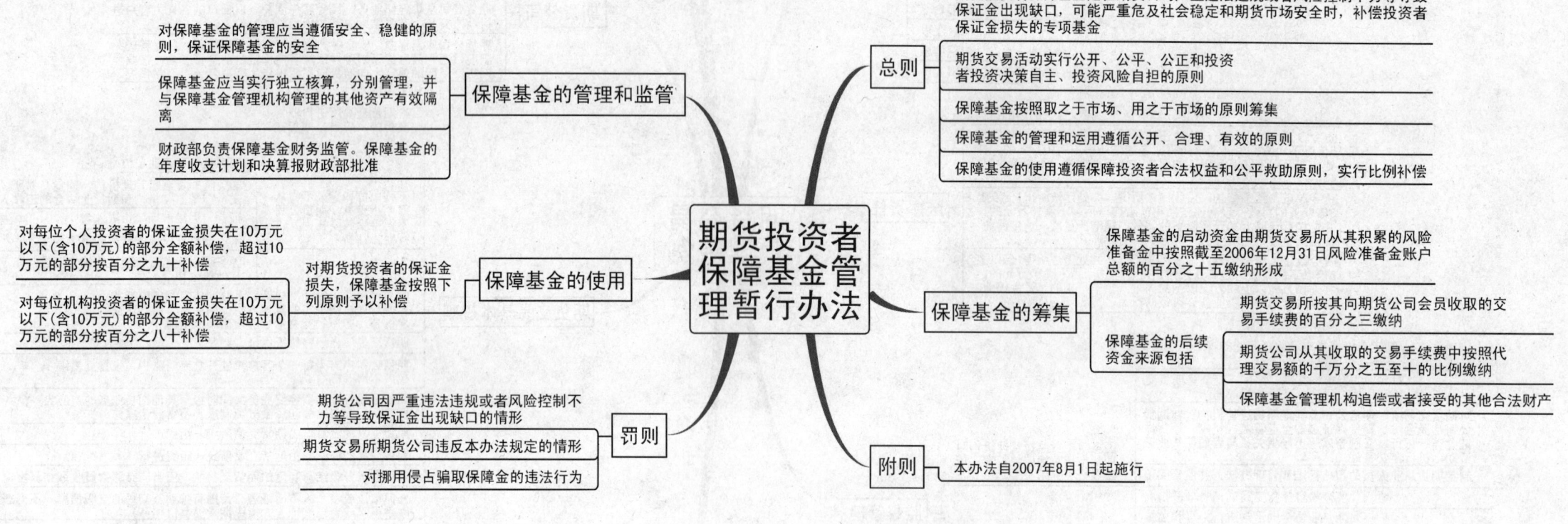

第三章 期货交易所管理办法

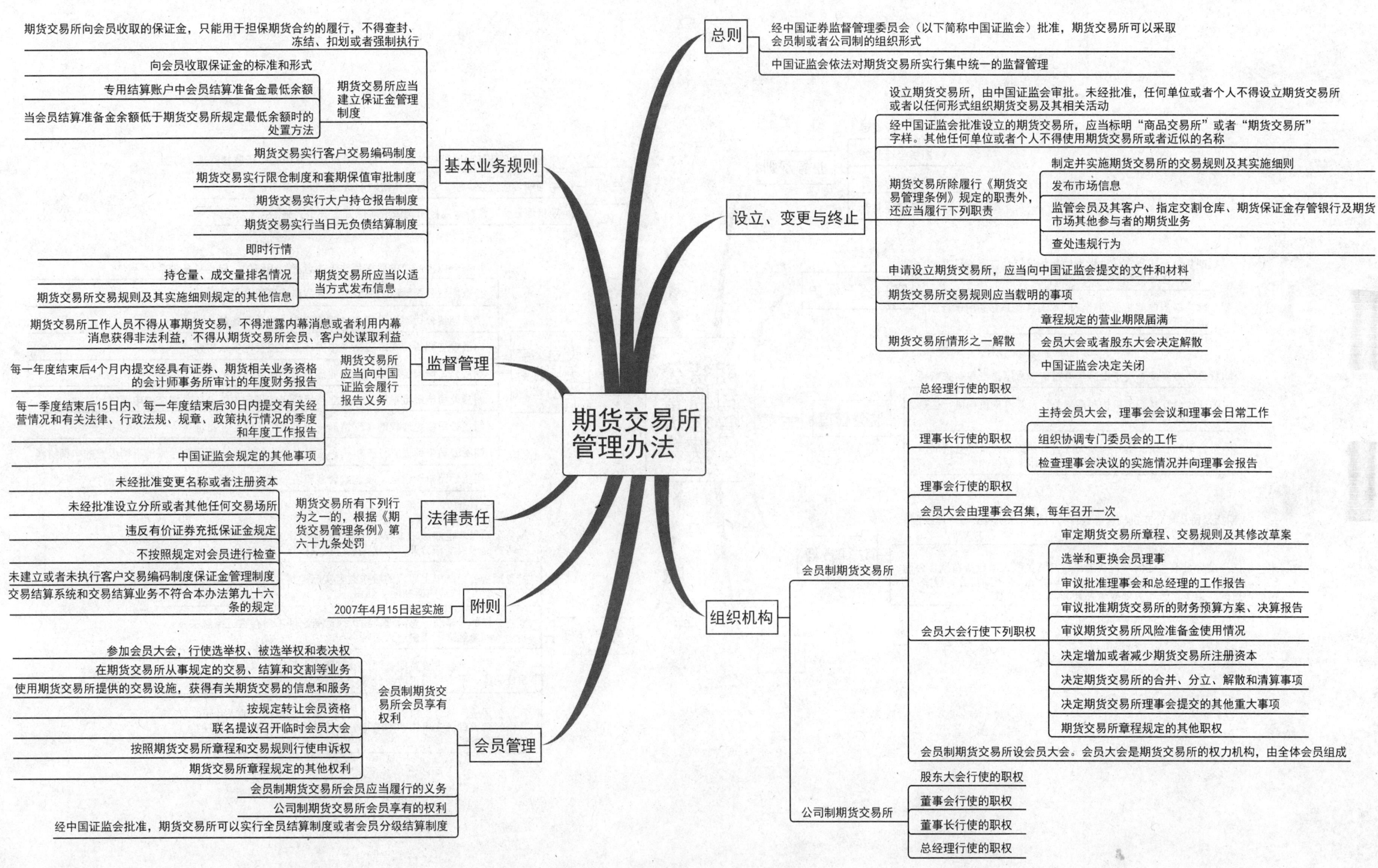

第四章 期货公司监督管理办法

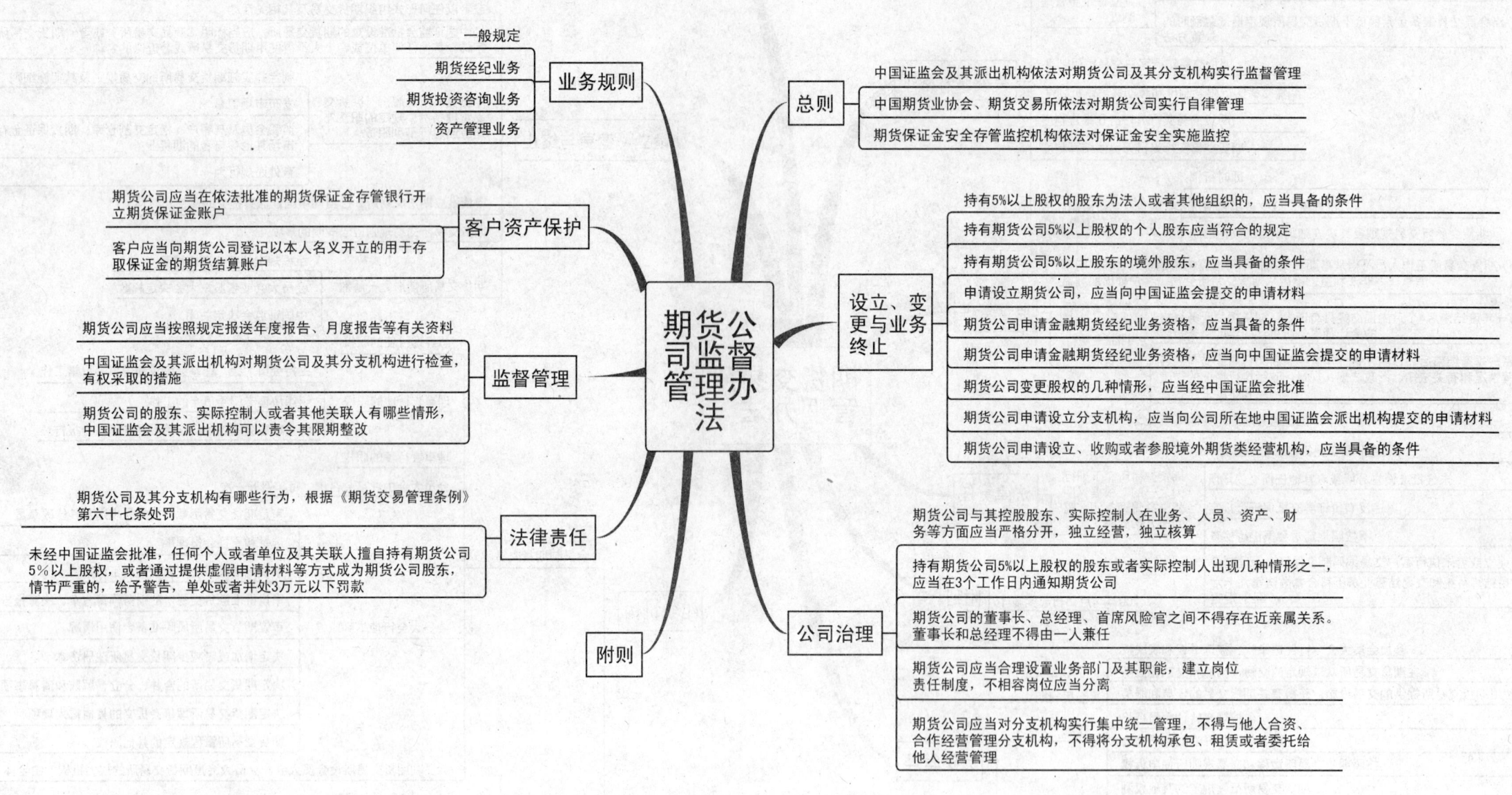

第五章 期货公司董事、监事和高级管理人员任职资格管理办法

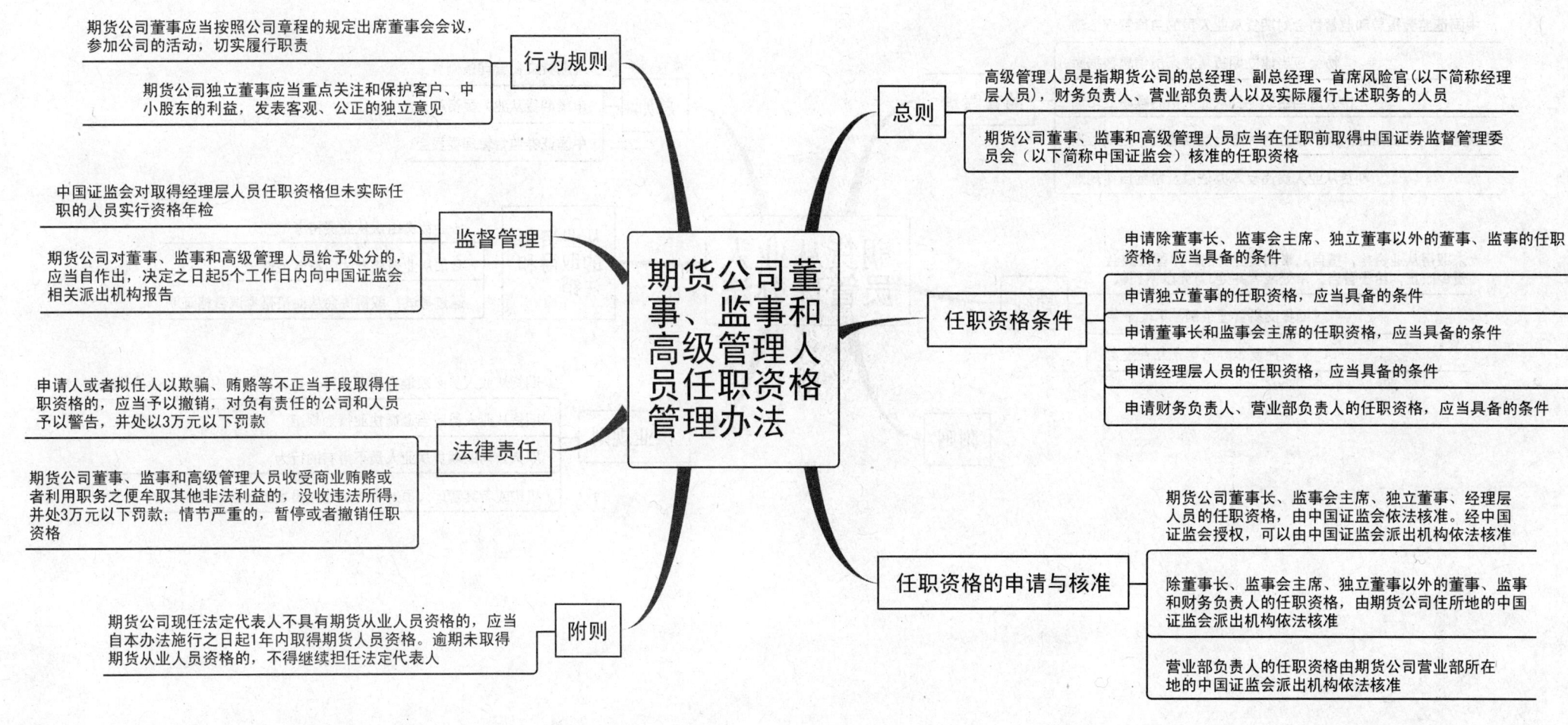

第六章 期货从业人员管理办法

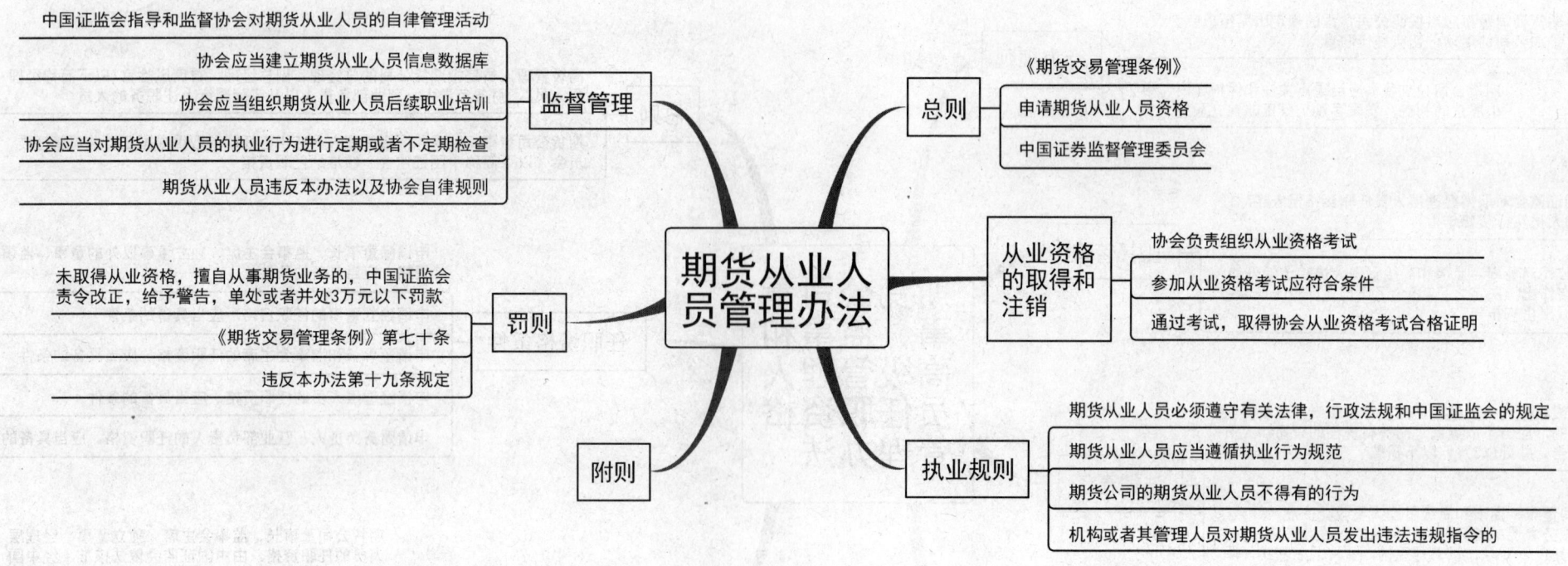

第七章 期货公司首席风险官管理规定（试行）

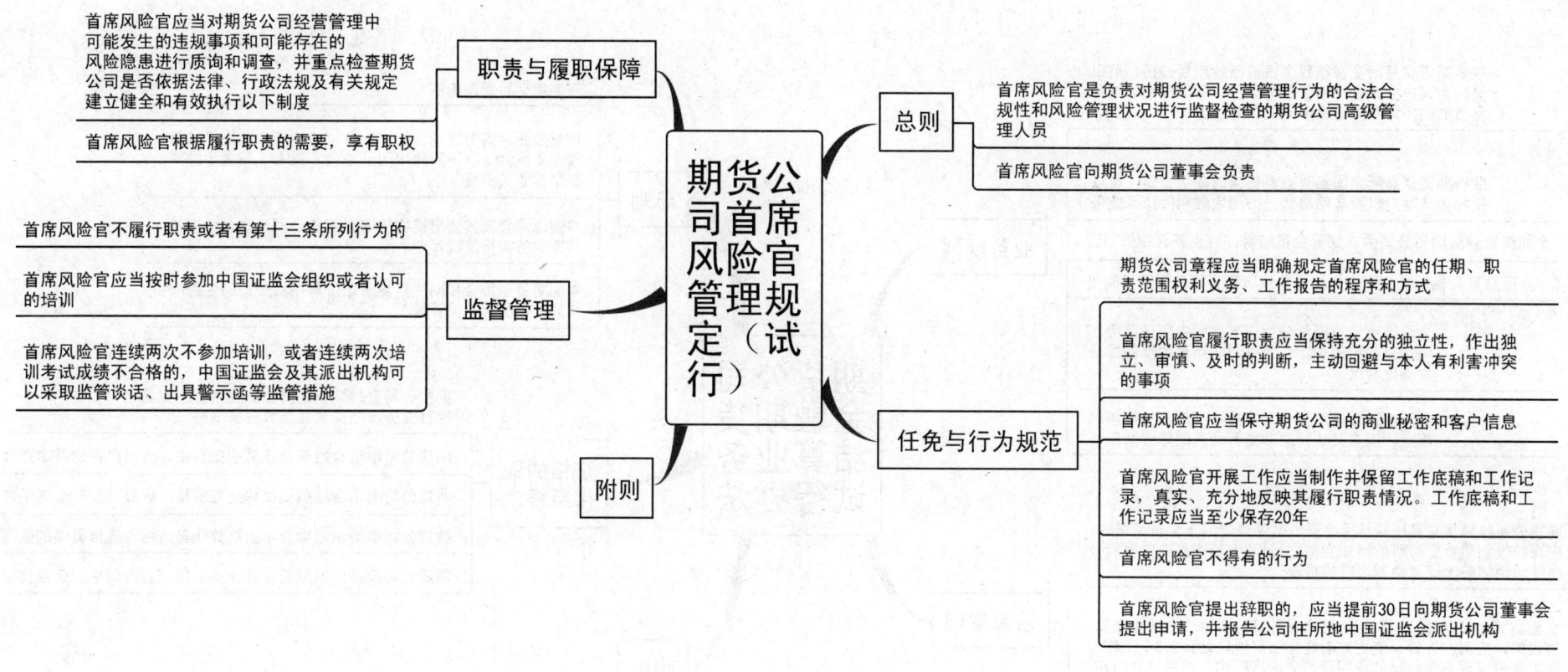

第八章 期货公司金融期货结算业务试行办法

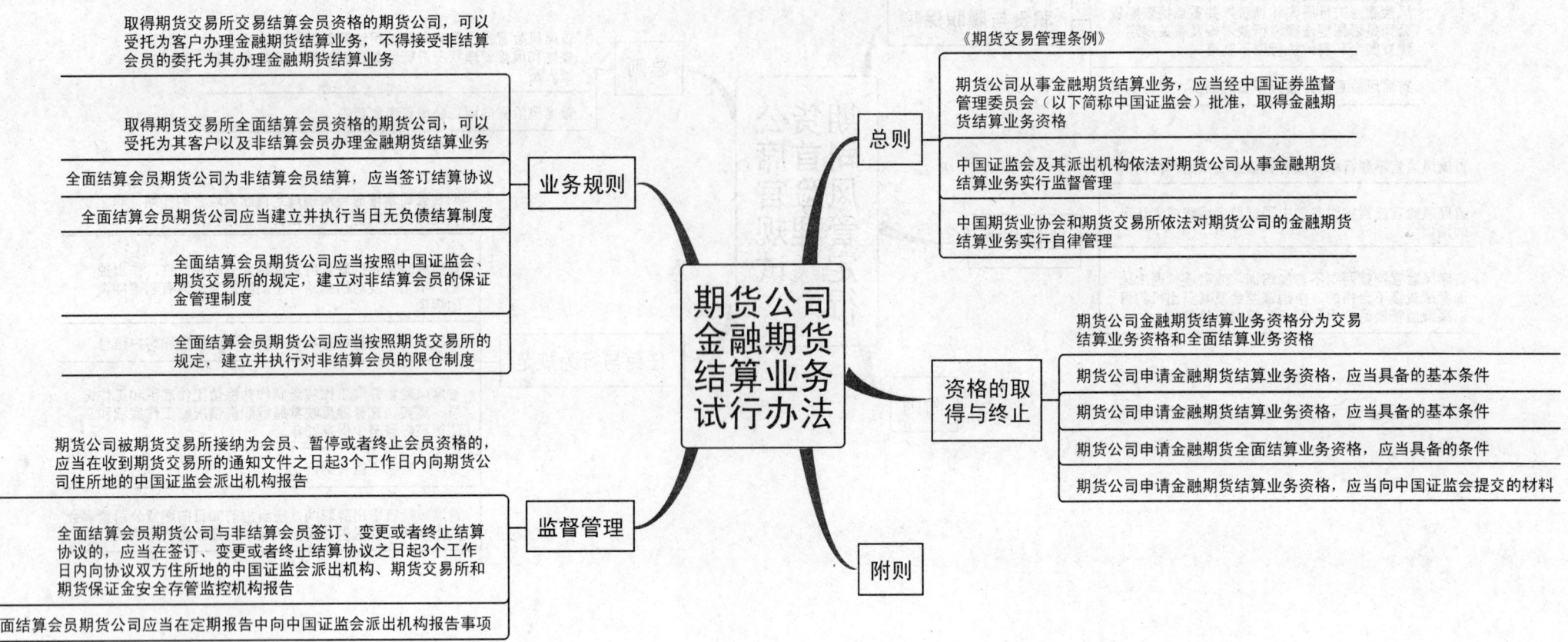

第九章 期货公司风险监管指标管理办法

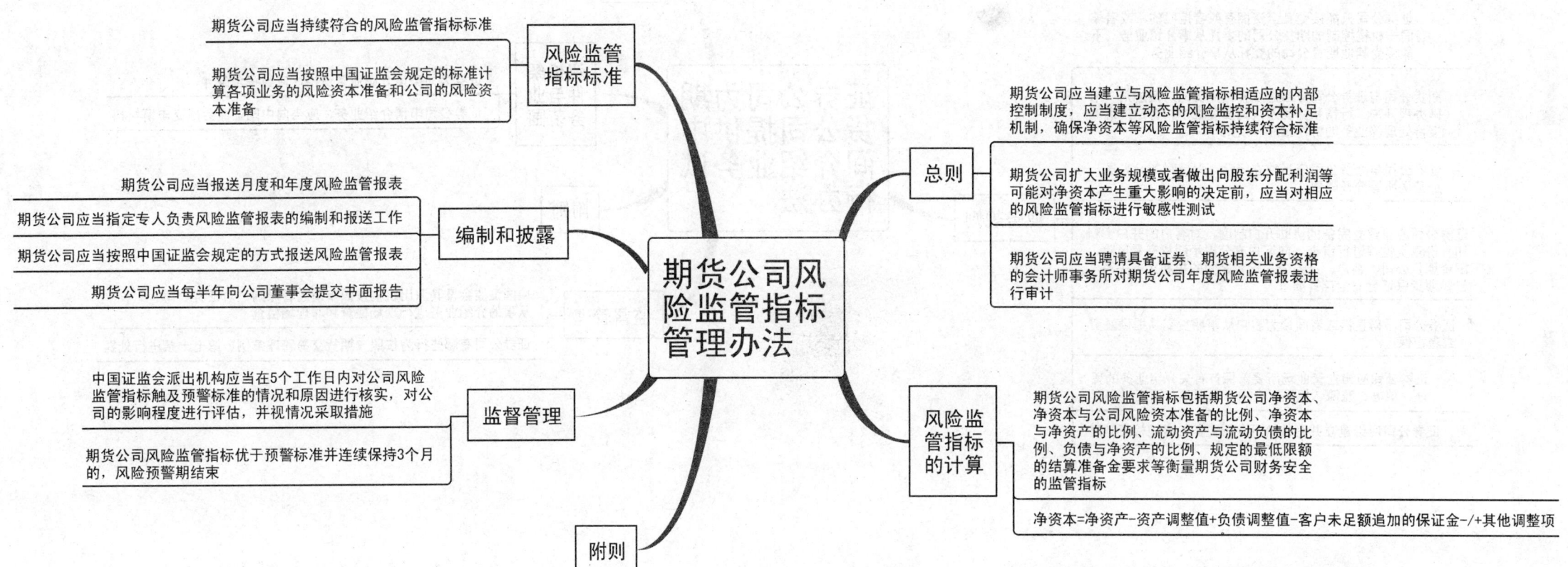

第十章 证券公司为期货公司提供中间介绍业务试行办法

```
                                                                          ┌─ 总则 ──── 根据《期货交易管理条例》制定本办法
                                                                          │
                                                                          │                ┌─ 证券公司申请介绍业务资格，应当符合条件
                                                                          ├─ 资格条件与业务范围 ─┤
                                                                          │                └─ 证券公司申请介绍业务，应当向中国证监会提交申请材料
        ┌─ 证券公司只能接受其全资拥有或者控股的，或者被                    │
        │  同一机构控制的期货公司的委托从事介绍业务，不                    │
        │  能接受其他期货公司的委托从事介绍业务                            │
        │                                                                 │
        ├─ 期货公司与证券公司应当建立介绍业务的对接规则，明                证券公司为期
        │  确办理开户、行情和交易系统的安装维护、客户投诉的                货公司提供中 ─┤
        │  接待处理等业务的协作程序和规则                                  间介绍业务试
        │                                                                 行办法
        ├─ 证券公司与期货公司应独立经营，保持财务、人员、                  │
        │  经营场所等分开隔离                                              ├─ 附则
业务规则─┤                                                                 │
        ├─ 证券公司应当建立完备的协助开户制度，对客户的开户资料            │
        │  和身份真实性等进行审查，向客户充分揭示期货交易风险，            │
        │  解释期货公司、客户、证券公司三者之间的权利义务关系，            │
        │  告知期货保证金安全存管要求                                      │                ┌─ 中国证监会及其派出机构按照审慎监管原则，对证券公司
        │                                                                 ├─ 监督管理 ─────┤  从事的介绍业务进行现场检查和非现场检查
        ├─ 证券公司不得直接或者间接为客户从事期货交易提供融资              │                │
        │  或者担保                                                        │                └─ 证券公司有哪些行为按照《期货交易管理条例》第七十条进行处罚
        │
        ├─ 证券公司应当在营业场所妥善保存有关介绍业务的凭
        │  证、单据、账簿、报表、合同、数据信息等资料
        │
        └─ 证券公司应当建立并有效执行介绍业务的合规检查制度
```

第十一章 期货市场客户开户管理规定

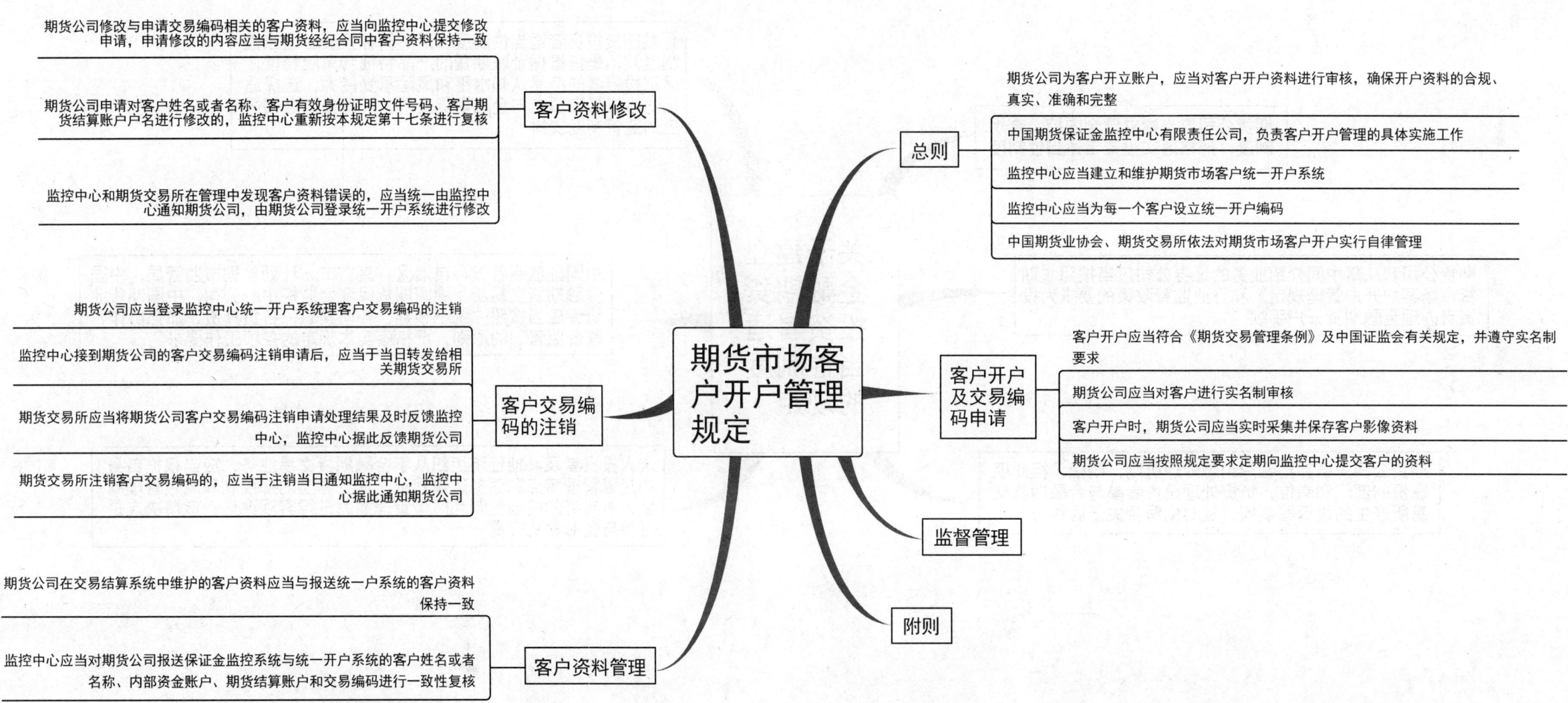

第十二章 关于建立金融期货投资者适当性制度的规定（试行）

```
                                                    ┌─────────────────────────────────────────────┐
                                                    │ 金融期货投资者适当性制度（以下简称投资者适当性 │
                                                    │ 制度），是指根据金融期货的产品特征和风险特性， │
                                                    │ 区别投资者的产品认知水平和风险承受能力，选择适 │
                                                    │ 当的投资者审慎参与金融期货交易，并建立与之相适 │
                                                    │ 应的监管制度安排                               │
                                                    └─────────────────────────────────────────────┘

        ┌──────────────────────────────────────┐
        │ 期货公司应当建立健全内控、合规        │
        │ 制度，严格落实投资者适当性制度        │
        └──────────────────────────────────────┘

        ┌──────────────────────────────────────┐                              ┌─────────────────────────────────────────────┐
        │ 期货公司和从事中间介绍业务的证券公司应当按照《期│    ┌─────────┐     │ 中国证监会各省、自治区、直辖市、计划单列市监管局，中国│
        │ 货市场客户开户管理规定》和行业监管政策的要求为投│    │关于建立 │     │ 金融期货交易所，中国期货保证金监控中心公司，中国期货业│
        │ 资者办理金融期货开户手续              │    │金融期货 │     │ 协会应当按照"统一领导、各司其职，各负其责、加强协作、│
        └──────────────────────────────────────┘    │投资者适 │     │ 联合监管"的原则，严格落实本规定的各项工作要求 │
                                                    │当性制度 │     └─────────────────────────────────────────────┘
                                                    │的规定   │
                                                    └─────────┘

        ┌──────────────────────────────────────┐                              ┌─────────────────────────────────────────────┐
        │ 期货公司应当完善客户纠纷处理机制，明确承担此项│                              │ 法人投资者及其他经济组织从事金融期货交易业务，应当根据自身│
        │ 职责的部门和岗位，负责处理投资者参与金融期货交│                              │ 的经营管理特点和业务运作状况，建立健全内部控制和风险管理制│
        │ 易所产生的投诉等事项，及时化解相关矛盾纠纷   │                              │ 度，对自身的内部控制和风险管理能力进行客观评估，审慎决定是│
        └──────────────────────────────────────┘                              │ 否参与金融期货交易                             │
                                                                                └─────────────────────────────────────────────┘
```

第十三章　期货公司期货投资咨询业务试行办法

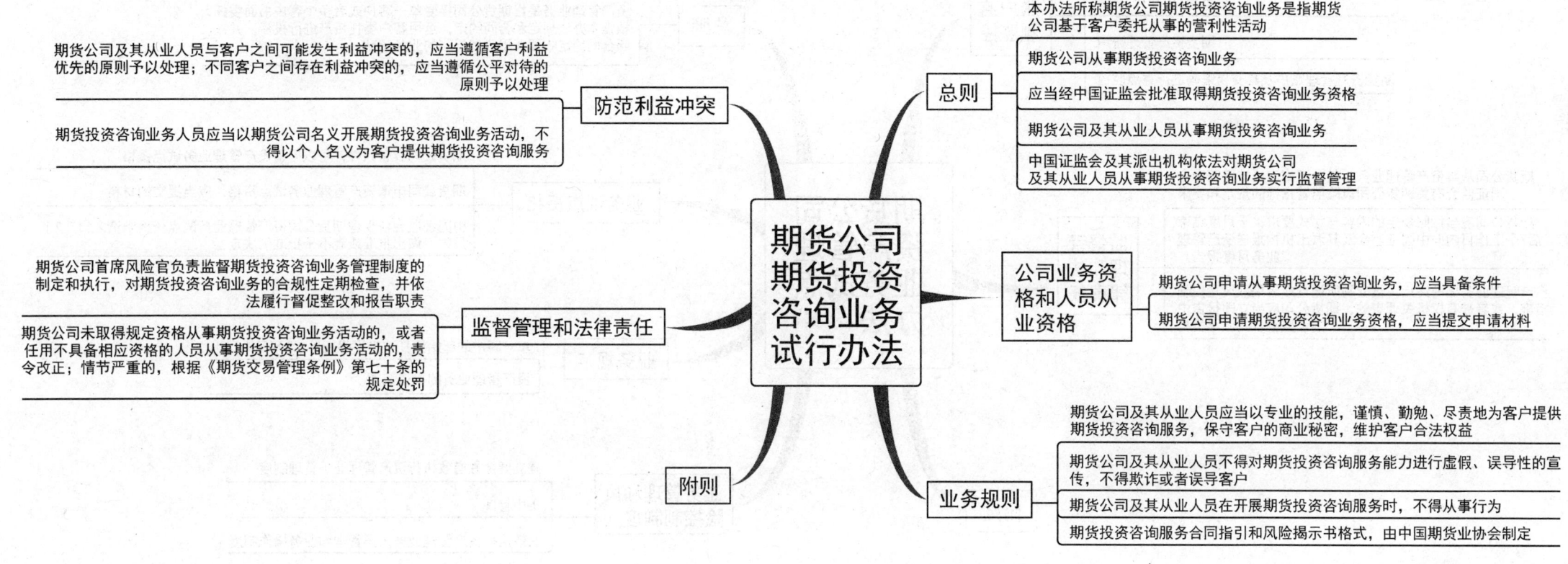

第十四章 期货公司资产管理业务试点办法

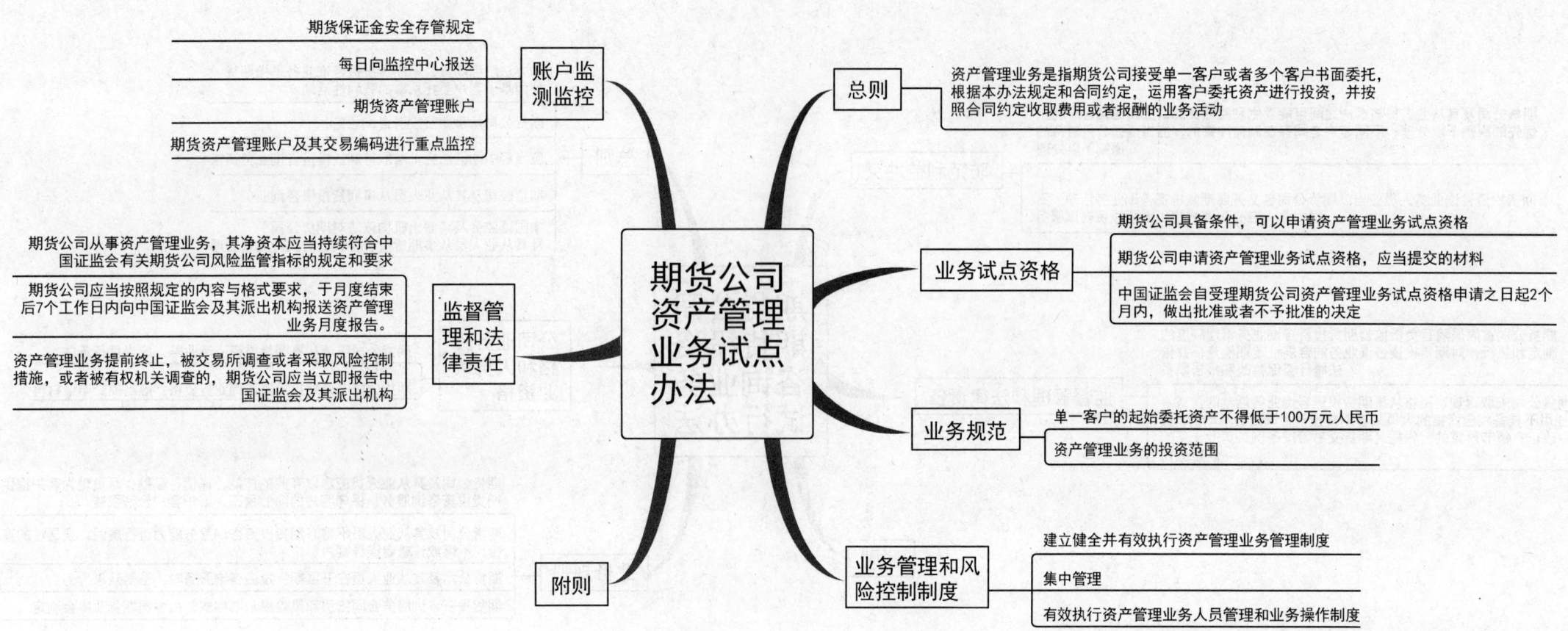

第十五章 期货从业人员执业行为准则(修订)

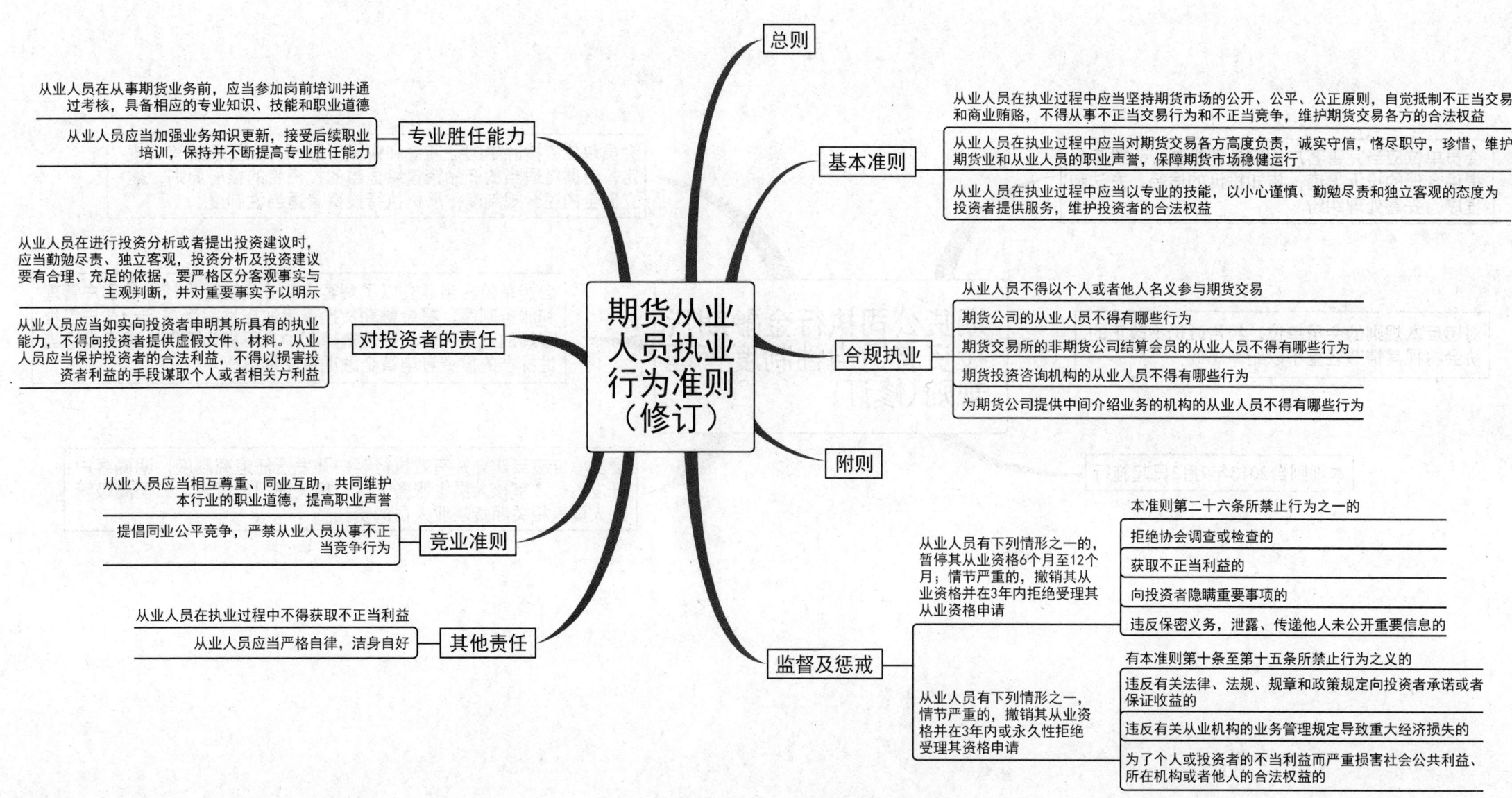

第十六章 期货公司执行金融期货投资者适当性制度管理规则（修订）

- **期货公司执行金融期货投资者适当性制度管理规则（修订）**
  - 会员单位应当完善客户纠纷处理机制，为投资者提供合理的投诉渠道，告知投诉的途径、方法和程序，妥善处理纠纷
  - 对违反本规则的会员单位，经告诫仍不改正的，协会将视其情节轻重予以纪律惩戒
  - 本规则自2013年9月3日起施行
  - 会员单位应按照中国证监会和中国金融期货交易所的有关规定，遵循将适当的产品销售给适当的投资者的核心原则，建立健全内控合规制度，严格执行投资者适当性制度
  - 会员单位应当建立以了解客户和分类管理为核心的客户管理和服务制度，将金融期货投资者适当性制度贯穿于开户流程管理的各个环节，理性选择客户，不得为不符合投资者适当性标准的投资者申请金融期货交易编码
  - 会员单位应当建立并有效执行客户开发责任追究制度，明确客户开发人员、审核人员、服务人员、相关部门负责人、公司高级管理人员等相关期货从业人员的责任

第十七章　中华人民共和国刑法修正案

```
                                          ┌─────────────────────────────────────────────────────────────┐
                                          │ 国有公司、企业的工作人员，由于严重不负责任或者滥用职权，      │
                                          │ 造成国有公司、企业破产或者严重损失，致使国家利益遭受重      │
                                          │ 大损失的，处三年以下有期徒刑或者拘役；致使国家利益遭受      │
                                          │ 特别重大损失的，处三年以上七年以下有期徒刑                  │
                                          └─────────────────────────────────────────────────────────────┘
┌──────────────────────────────────────┐  ┌──────────────────┐    ┌──────────────┐
│ 单独或者合谋，集中资金优势、持股或者持仓优势或者利用信息 │  │ 有下列情形之一，  │    │              │
│ 优势联合或者连续买卖，操纵证券、期货交易价格的          │  │ 操纵证券、期货交  │    │              │
├──────────────────────────────────────┤  │ 易价格，获取不正  │    │  中华人民    │
│ 与他人串通，以事先约定的时间、价格和方式相互进行证券、期 │──│ 当利益或者转嫁风  │────│  共和国刑    │
│ 货交易，或者相互买卖并不持有的证券，影响证券、期货交易价 │  │ 险，情节严重的，  │    │  法修正案    │
│ 格或者证券、期货交易量的                              │  │ 处五年以下有期徒  │    │              │
├──────────────────────────────────────┤  │ 刑或者拘役，并处  │    │              │
│ 以自己为交易对象，进行不转移证券所有权的自买自卖，或者以 │  │ 或者单处违法所得  │    │              │
│ 自己为交易对象，自买自卖期货合约，影响证券、期货交易价格 │  │ 一倍以上五倍以下  │    │              │
│ 或者证券、期货交易量的                                │  │ 罚金             │    │              │
├──────────────────────────────────────┤  └──────────────────┘    │              │
│           以其他方法操纵证券、期货交易价格的           │                          │              │
└──────────────────────────────────────┘                          │              │
                                          ┌─────────────────────────────────────────────────────────────┐
                                          │ 编造并且传播影响证券、期货交易的虚假信息，扰乱证券、期      │
                                          │ 货交易市场，造成严重后果的，处五年以下有期徒刑或者拘役，    │
                                          │ 并处或者单处一万元以上十万元以下罚金                        │
                                          └─────────────────────────────────────────────────────────────┘
```

第十八章 中华人民共和国刑法修正案（六）摘选

```
                                                                    ┌─ 公司、企业或者其他单位的工作人员利用职务上的便利，索取
                                                                    │  他人财务或者非法收受他人财务，为他人谋取利益，数额较大
                                                                    │  的，处五年以下有期徒刑或者拘役；数额巨大的，处五年以上
                                                                    │  有期徒刑，可以并处没收财产
   ┌ 明知是毒品犯罪、黑社会性质     ┐                              │
   │ 的组织犯罪、恐怖活动犯罪、     │                              │
   │ 走私犯罪、贪污贿赂犯罪、破     │    中华人民
   │ 坏金融管理秩序犯罪、金融诈     │    共和国刑 ─┤
   │ 骗犯罪的所得及其产生的收益，   │    法修正案
   │ 为掩饰、隐瞒其来源和性质，     │    （六）摘选
   │ 有下列行为之一的，没收实施     │                              │
   │ 以上犯罪的所得及其产生的收     │                              │
   │ 益，处五年以下有期徒刑或者     │                              └─ 银行或者其他金融机构的工作人员违反规定，为他人出具信用
   │ 拘役，并处或者单处洗钱数额     │                                 证或者其他保函、票据、存单、资信证明，情节严重的，处五
   │ 百分之五以上百分之二十以下     │                                 年以下有期徒刑或者拘役；情节特别严重的，处五年以上有期
   │ 罚金；情节严重的，处五年以     │                                 徒刑
   │ 上十年以下有期徒刑，并处洗     │
   │ 钱数额百分之五以上百分之二     │
   └ 十以下罚金                     ┘
```

- 提供资金账户的
- 协助将财产转换为现金、金融票据、有价证券的
- 通过转账或者其他结算方式协助资金转移的
- 协助将资金汇往境外的
- 以其他方法掩饰、隐瞒犯罪所得及其收益的来源和性质的

第十九章 最高人民法院关于审理期货纠纷案件若干问题的规定

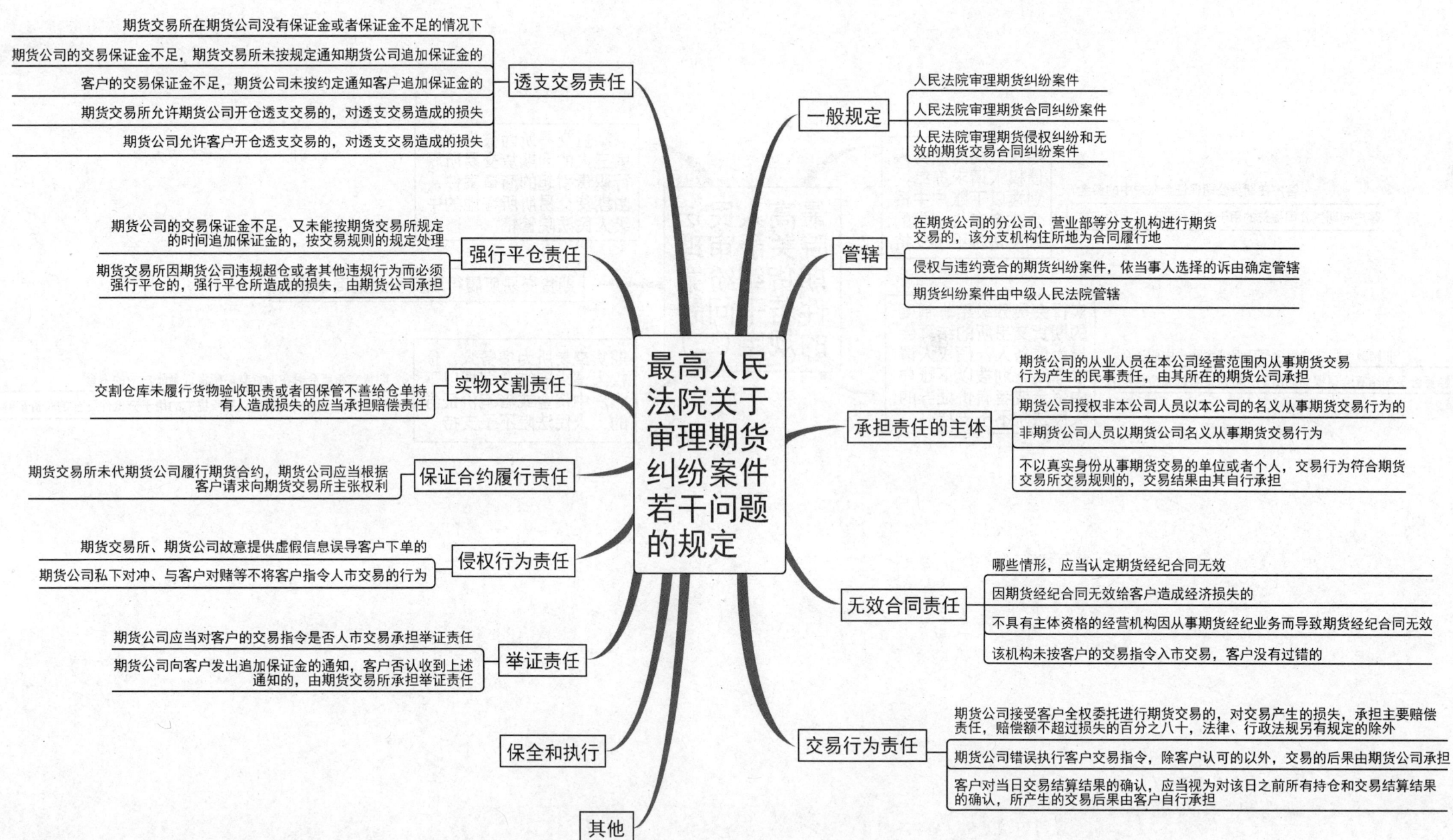

第二十章　最高人民法院关于审理期货纠纷案件若干问题的规定（二）

```
                                                                            ┌─ 以期货交易所为被告或者
                                                                            │  第三人的因期货交易所履
                          ┌─ 期货公司为债务人，         │                    │  行职责引起的商事案件，
   ┌─ 客户在期货公司保证金账户中的资金         │  债权人请求冻结、    │    │  由期货交易所所在地的中
   │                                          │  划拨以下账户中资 ───┤    │  级人民法院管辖
   └─ 客户向期货公司提交的用于充抵保证金的有价证券    金或者有价证券的，  │    │
                                              │  人民法院不予支持     │  最高人民法
                                                                    ├─ 院关于审理 ──── 期货交易所履行职责引起的商事案件
                                                                    │  期货纠纷案
                          ┌─ 实行会员分级结算制度     │                 件若干问题
                          │  的期货交易所的结算会    │                 的规定（二）
   ┌─ 非结算会员在结算会员所保证金账户中的资金 │  员为债务人，债权人请 │                    ┌─ 期货交易所为债务人，债
   │                                          │  求冻结、划拨以下账户 │                    │  权人请求冻结、划拨以下 ── 期货交易所会员在期货交易所保证金账户中的资金
   └─ 非结算会员向结算会员提交的用于充抵保证金的有价证券 中资金或者有价证券  │                    │  账户中资金或者有价证券
                                              │  的，人民法院不予支持 │                    │  的，人民法院不予支持   ── 期货交易所会员向期货交易所提交的用于充抵保证金的有价证券
```

第二十一章　金融期货投资者适当性制度实施办法

```
                                                                  ┌─ 申请开户时保证金账户可用资金余额不低于人民币50万元
                             ┌─ 期货公司会员      ┌─ 期货公司会员 ├─ 具备金融期货基础知识，通过相关测试
   ┌─ 申请开户时保证金账户可用资金余额不低于人民币50万元                     │   为符合下列标准  │   为符合下列标准  ├─ 具有累计10个交易日、20笔以上（含）的金融期货仿真交易成交记录
   ├─ 相关业务人员具备金融期货基础知识，通过相关测试                     │   的一般单位     │   的自然人投     └─ 不存在严重不良诚信记录
   ├─ 具有累计10个交易日、20笔以上（含）的金融期货仿真交易成交         │   客户申请开立  ─┤   资者申请开立
   │   记录，或者最近3年内具有10笔以上（含）的期货交易成交记录         │   交易编码      │   交易编码
   ├─ 不存在严重不良诚信记录；不存在法律、行政法规、规章和交易         │                  │
   │   所业务规则禁止或者限制从事金融期货交易的情形                   │           金融期货│
   └─ 具有参与金融期货交易的内部控制、风险管理等相关制度              │           投资者适│
                                                                  │           当性制度  │── 交易所可以根据市场情况
                                                                  │           实施办法   │    对投资者适当性标准进行
                              期货公司会员可以                     │                     │    调整
                              为特殊单位客户申                    ─┘
                              请开立交易编码
```

第二十二章 金融期货投资者适当性标准操作指引

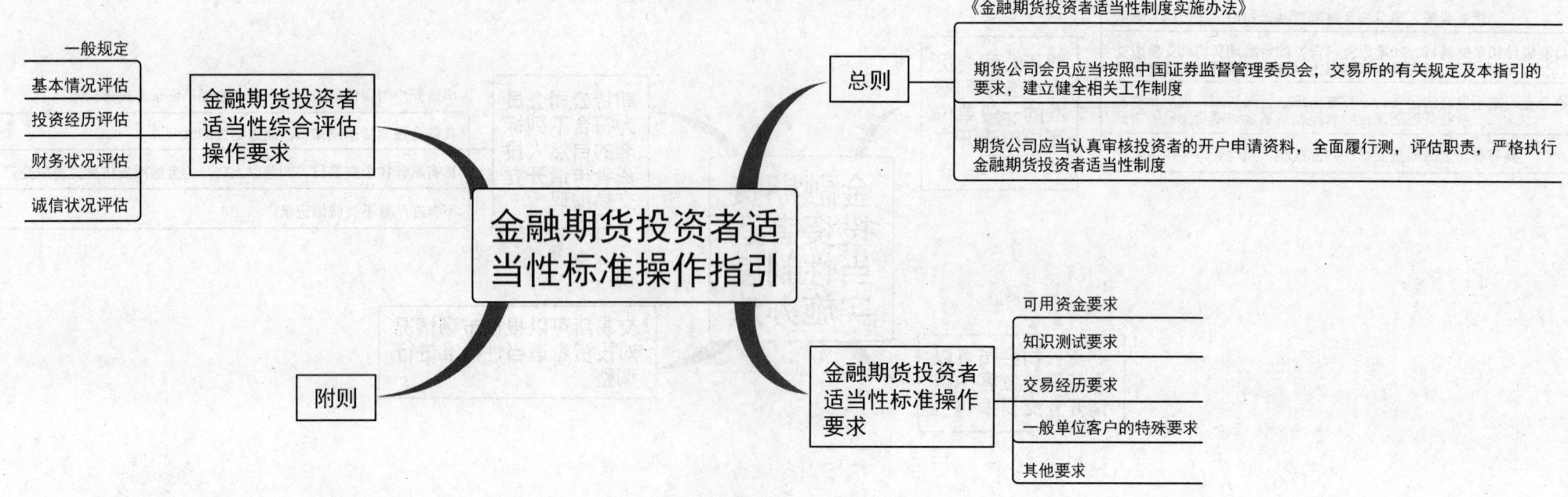

热题库使用说明

热题库设计模型:

欢迎大家使用热题库学习软件,这套软件是全国资格认证考试热题库编委会通过十余年的知识沉淀与经验积累而总结出的一套适用万千考生的学习方法。热题库中的考点和试题均由资深专业教师依据最新考试大纲要求进行编写,同时融入了历年考试真题,在保证试题质量及时效性的基础上,通过经典有效的考点挂习题形式对考点知识进行全方位覆盖,帮助考生逐一击破考试重点、难点及易错点,也因此被众多考生喻为"考试神器"。

- ✓ **新题练习**:以最新大纲要求为主线,为考生提供最新最全的应试题目。
- ✓ **热题研习**:通过对错比率来划分热度,热度越高,题目越精。
- ✓ **熟题重温**:重温做过的题目,加深对知识点的理解与应用。
- ✓ **错题重做**:对做错的题目重新作答,找到薄弱环节,逐个击破。
- ✓ **机编模拟**:按命题思路进行组卷,通过自测,把握考试重点,主攻薄弱环节。
- ✓ **典型试卷**:全国资格认证考试热题库编委会精心编排,囊括重点难点,保质保量。

纺织社热题库

1 · 主页面

热题库主页面上部分为考试科目名称、考生信息及考生学习情况,具体包括:考生头像、微信昵称、积分、新题总数、错题总数、熟题总数、勤奋/排名。

热题库主页面下部分为六大经典模块,分别是:新题练习、热题研习、熟题重温、错题重做、机编模拟、典型试卷。其中,新题练习、熟题重温、机编模拟为免费模块,热题研习、错题重做、典型试卷为收费模块。

- **积分**:用你的积分可换取试题提问机会。
- **新题**:提醒你,你还有多少道试题未做。
- **头像**:点击头像,进入个人中心,查看你的资考信息。
- **错题**:警告你,你已经做错这些数量的试题。
- **熟题**:恭喜你,你成功答对这些数量的试题。
- **勤奋/排名**:查看你在热题库中的江湖排名。

2

新题中的题目按章节分类,点击章进入节列表,点击节进入考点列表,点击考点进入考点学习,此模块考生可免费使用;

考点中记录详细考点内容及解析,同时记录考点学习人数,点击章、节、考点右侧按钮直接进入答题页面;

考生选择选项后点击"上一题"、"下一题"默认提交答案;点击"查看答案"选项后,将不可再次更改答案;没有选择答案却点击"查看答案"选项后,本题按错处理;

点击查看答案后,详细展示本题正确答案,正确率,考生选择,易错选项,被答次数。

3

- **考点**:点击考点进入考点详情页面进行学习,并记录考点学习人数。
- **我要提问**:考生在答题过程中遇到疑难问题可以使用"我要提问"进行悬赏积分提问。
- **反馈**:考生对有疑问的题目进行错误反馈,老师会在第一时间对题目进行校验。
- **笔记**:在学习过程中记录重点难点题目,方便日后学习。

4 · 熟题重温

在其他模块中做对的题目都会进入"熟题重温"中,帮助考生分出已经掌握的题目,节省复习时间。

5 · 机编模拟

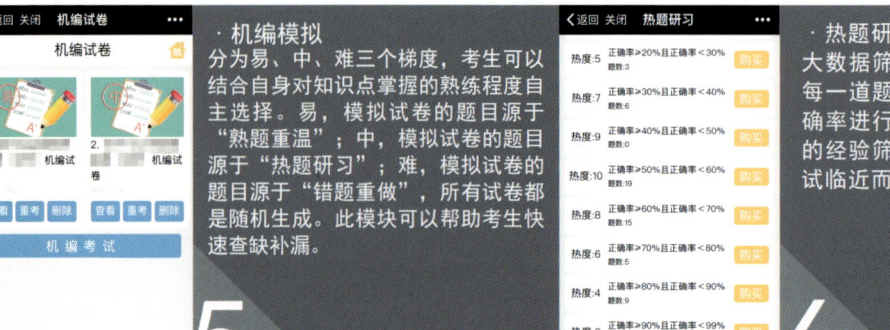

分为易、中、难三个梯度,考生可以结合自身对知识点掌握的熟练程度自主选择。易,模拟试卷的题目源于"熟题重温";中,模拟试卷的题目源于"热题研习";难,模拟试卷的题目源于"错题重做",所有试卷都是随机生成。此模块可以帮助考生快速查缺补漏。

6 · 热题研习

大数据筛选,根据所有考生答题情况对每一道题目进行正确率统计,并按照正确率进行热度划分,考生可以借助他人的经验筛选题目,此模块特别适用于考试临近而又没有时间复习的考生。

7 · 错题重做

在"新题练习"、"热题研习"、"熟题重温"中做错的题目会进入到这个模块,所有错题按时间倒序显示,距离当前时间越久越先显示,并且同一道错题需要连续做对三次才能进入到"熟题重温"中,错题的抗遗忘曲线法帮助考生真正掌握每一个考点。

8 · 典型试卷

"典型试卷"是由全国资格认证考试热题库编委会精心编写的冲刺试卷,帮助考生在考前冲刺使用,此模块的重要性不言自明。

9 · 个人中心

点击头像进入个人中心,在个人中心详细展示考生复习情况,根据考生学习进度及学习成果生成评估报告,并且可以根据做题量及正确率进行平台排名,促进考生学习欲望。日志、排行榜、复习进度、评估报告从不同角度记录考生学习进度,帮助考生直观地了解复习情况。对于有疑问的问题和重点问题可以选择笔记记录或者使用积分悬赏进行提问;有能力的考生也可以对其他考生的提问进行解答,赚取积分的同时增强考生之间的互动性。

10 功能

- **日志**:记录考生每天的复习情况、做题总数、错题总数、正确率,方便考生安排复习计划。
- **排行榜**:对所有参加考试的考生答题情况进行排名,知己知彼百战不殆。
- **复习进度**:把每科考试按照章节划分查漏补缺,哪里没学学哪里。
- **评估报告**:根据考生做题情况进行图表展示,让考生更直观地了解复习情况。
- **笔记题目**:重点难点问题反复学习,记录上次学习知识盲点,温故而知新。
- **我的提问**:考生对有疑问的问题进行提问,快速找到解决和学习办法。
- **我的回答**:考生之间的互动,帮助别人的同时加深自己对知识点的理解,同时赚取积分。
- **已购买的热题**:热题快速进入渠道,直接答题告别繁琐。
- **已购买的错题**:错题快速进入渠道,直接答题告别繁琐。
- **已购买的典型试卷**:典型试卷快速进入渠道,直接答题告别繁琐。

全国期货从业人员执业资格考试热题库

《期货法律法规》模拟试卷（一）

一、单项选择题（共60题，每小题0.5分，共30分）以下备选项中只有一项最符合题目要求，不选、错选均不得分。

1. 下列关于期货交易所的表述，错误的是（　　）。
   A. 以营利为目的
   B. 以其全部财产承担民事责任
   C. 按照其章程的规定实行自律管理
   D. 负责人由国务院期货监督管理机构任免

2. 期货交易所上市交易品种，应当经（　　）批准。
   A. 国务院期货监督管理机构派出机构
   B. 中国期货业协会
   C. 国务院商务主管部门
   D. 国务院期货监督管理机构

3. 设立期货公司，应由（　　）批准。
   A. 国务院期货监督管理机构　　　B. 中国期货业协会
   C. 国务院期货监督管理机构派出机构　　　D. 期货交易所

4. 期货投资者保障基金由（　　）集中管理、统筹使用。
   A. 中国证监会　　　B. 中国期货业协会
   C. 财政部　　　D. 期货交易所

5. 期货投资者保障基金的管理和运用遵循（　　）的原则。
   A. 适度　　　B. 效率　　　C. 平均　　　D. 公开、合理、有效

6. 首席风险官发现涉嫌占用、挪用客户保证金等违法违规行为或者可能发生风险的，应当立即向中国证监会派出机构和公司（　　）报告。
   A. 股东大会　　　B. 临事会　　　C. 董事会　　　D. 员工代表大会

7. 涨跌停板是指合约在（　　）个交易日中的交易价格不得高于或者低于规定的涨跌幅度，超出该涨跌幅度的报价将被视为无效，不能成交。
   A. 1　　　B. 2　　　C. 4　　　D. 6

8. 期货投资者保障基金的补偿实行（　　）。
   A. 定额补偿　　　B. 比例补偿　　　C. 超额补偿　　　D. 限额补偿

9. 期货投资者保障基金的启动资金由期货交易所从其积累的风险准备金中按照截至2006年12月31日风险准备金账户总额的（　　）缴纳形成。
   A. 5%　　　B. 10%　　　C. 15%　　　D. 20%

10. 期货公司董事长、监事会主席、独立董事、经理层人员和取得经理层人员任职资格但未实际任职的人员,应当至少每(　　)年参加1次由中国证监会认可、行业自律组织举办的业务培训,取得培训合格证书。
    A. 1　　　　　　B. 2　　　　　　C. 3　　　　　　D. 4

11. 会员制期货交易所会员大会由(　　)主持。
    A. 董事长　　　B. 理事长　　　C. 监事长　　　D. 总经理

12. 会员制期货交易所召开会员大会,应当将会议审议的事项于会议召开(　　)日前通知会员。
    A. 5　　　　　　B. 7　　　　　　C. 10　　　　　　D. 15

13. 会员制期货交易所会员大会有(　　)会员参加方为有效。
    A. 1/3以上　　　B. 2/3以上　　　C. 1/4以上　　　D. 3/4以上

14. 会员制期货交易所会员大会结束之日起(　　)日内,期货交易所应当将大会全部文件报告中国证监会。
    A. 8　　　　　　B. 10　　　　　　C. 15　　　　　　D. 30

15. 会员制期货交易所设理事会,每届任期(　　)年。
    A. 1　　　　　　B. 3　　　　　　C. 6　　　　　　D. 8

16. 下列有关会员制期货交易所理事会的说法,不正确的是(　　)。
    A. 理事会是会员大会的常设机构,对会员大会负责
    B. 理事会设理事长1人,副理事长1~2人
    C. 理事会会议至少每半年召开1次
    D. 理事会每次会议应当于会议召开15日前通知全体理事

17. 会员制期货交易所理事会的非会员理事由(　　)。
    A. 中国证监会委派　　　　　　B. 会员大会选举产生
    C. 中国期货业协会委派　　　　D. 理事会选举产生

18. 期货公司申请金融期货结算业务资格,控股股东或者实际控制人为金融机构,在最近(　　)年成立或者重组的,应当自成立或者重组完成之日起持续经营。
    A. 8　　　　　　B. 6　　　　　　C. 4　　　　　　D. 2

19. 期货公司变更法定代表人的,应当向(　　)提交变更法定代表人申请书等申请材料。
    A. 住所地的期货交易所
    B. 住所地的中国证监会派出机构
    C. 拟任法定代表人所在地的工商行政管理机构
    D. 国务院国有资产监督管理机构

20. 期货公司变更住所,应当向(　　)提交变更住所申请书等申请材料。
    A. 迁出地期货交易所　　　　　B. 迁出地工商行政管理机构
    C. 拟迁入地期货交易所　　　　D. 拟迁入地中国证监会派出机构

21. 期货公司申请设立分支机构,应当向公司所在地的中国证监会派出机构提交申请目前(　　)月末的风险监管报表。

A. 1 个月　　　　B. 2 个月　　　　C. 3 个月　　　　D. 4 个月

22. 期货公司应当按照中国期货保证金监控中心规定的格式要求采集客户影像资料，以（　　）方式在公司总部集中统一保存，并随其他开户材料一并存档备查。
    A. 光盘备份　　　　　　　　　　　B. 打印文件
    C. 客户签名确认文件　　　　　　　D. 电子文档

23. 期货公司股东、实际控制人等成为本公司资产管理业务客户的，应当自签订资产管理合同之日起（　　）个工作日内，向住所地中国证监会派出机构备案，并在本公司网站上披露其关联关系或亲属关系。
    A. 3　　　　　　B. 5　　　　　　C. 7　　　　　　D. 10

24. 期货公司营业部负责人的任职资格由（　　）依法核准。
    A. 期货公司营业部所在地的中国证监会派出机构
    B. 期货公司营业部所在地的工商行政管理机构
    C. 营业部负责人所在地的中国证监会派出机构
    D. 期货公司住所地的中国证监会派出机构

25. （　　）指导和监督中国期货业协会对期货从业人员的自律管理活动。
    A. 商务部　　　　　　　　　　　　B. 中国证监会
    C. 国务院国有资产监督管理机构　　D. 财政部

26. 期货公司首席风险官向（　　）负责。
    A. 中国期货业协会　　　　　　　　B. 期货交易所
    C. 期货公司监事会　　　　　　　　D. 期货公司董事会

27. 在我国，可以受托为其客户以及非结算会员办理金融期货结算业务的机构是（　　）。
    A. 全面结算会员期货公司　　　　　B. 交易结算会员期货公司
    C. 一般结算会员期货公司　　　　　D. 特别结算会员期货公司

28. 非结算会员下达的交易指令应当经（　　）审查或者验证后进入期货交易所。
    A. 全面结算会员期货公司　　　　　B. 中国期货业协会
    C. 中国证监会及其派出机构　　　　D. 工商行政管理机构

29. 聘用期货从业人员的期货经营机构发现从业人员有违规行为的，应当在（　　）个工作日内向协会报告。
    A. 5　　　　　　B. 10　　　　　C. 20　　　　　D. 30

30. 期货从业人员违反《期货从业人员执业行为准则（修订）》，情节轻微，且没有造成严重后果的，予以（　　）。
    A. 警告，并处以 5000 元以下罚款　　B. 训诫
    C. 撤销其期货从业资格　　　　　　D. 公开谴责

31. 期货交易所在期货公司没有保证金或者保证金不足的情况下，允许期货公司开仓交易或者继续持仓，应当认定为（　　）。
    A. 透支交易　　B. 违法交易　　C. 内幕交易　　D. 特许交易

32. 审查期货公司或者客户是否透支交易，应当以（　　）为标准。

A. 期货交易所规定的保证金比例
B. 期货公司或者客户缴纳的保证金金额
C. 期货交易所规定的风险准备金比例
D. 期货公司或者客户的自有资金与缴纳的保证金的比例

33. 股指期货投资者适当性综合评估满分为100分,其中基本情况、相关投资经历、财务状况、诚信状况的分值上限分别为( )。
A. 15分、20分、50分、15分   B. 15分、20分、40分、25分
C. 20分、15分、45分、20分   D. 20分、15分、50分、15分

34. 期货公司会员不得为综合评估得分在( )分以下的投资者申请开立股指期货交易编码。
A. 50   B. 65   C. 70   D. 85

35. 期货公司董事、监事和高级管理人员在任职期间擅离职守,造成严重后果的,中国证监会及其派出机构可以将其认定为( )。
A. 不合规人选   B. 不适当人选
C. 不能接受人选   D. 不敬业人选

36. 客户对当日交易结算结果的确认,应当视为对( )的确认,所产生的交易后果由客户自行承担。
A. 该日所有持仓和交易结算结果   B. 该日所有交易结算结果
C. 该日之前所有交易结算结果   D. 该日之前所有持仓和交易结算结果

37. 在我国,期货交易应当在( )内进行。
A. 商品交易市场   B. 期货交易所
C. 买卖双方约定的场所   D. 交割仓库

38. 期货业协会的章程由会员大会制定,并报( )备案。
A. 国务院国有资产监督管理机构   B. 国务院期货监督管理机构
C. 国家工商行政管理总局   D. 商务部

39. 期货交易的结算和交割,由( )统一组织进行。
A. 期货公司   B. 期货业协会
C. 期货交易所   D. 国务院期货监督管理机构

40. 期货公司应当按照规定的内容与格式要求,于月度结束后( )个工作日内向中国证监会及其派出机构报送资产管理业务月度报告。
A. 10   B. 7   C. 5   D. 3

41. 在我国,对期货市场实行集中统一的监督管理的机构是( )。
A. 中国证券监督管理委员会   B. 中国期货业协会
C. 国务院国有资产监督管理机构   D. 中国银监会

42. 期货交易应当采用( )方式或者国务院期货监督管理机构批准的其他方式。
A. 分散交易   B. 不公开的集中交易
C. 公开的集中交易   D. 混合交易

43. 根据规定,下列单位和个人中,可以依法从事期货交易,期货公司可以接受其委托

为其进行期货交易的是（　　）。
A. 事业单位和国家机关　　　　B. 期货交易所的工作人员
C. 上市公司　　　　　　　　　D. 期货业协会的工作人员

44. 申请设立期货公司应当具备的条件不包括（　　）。
A. 注册资本最低限额为人民币3000万元
B. 有符合法律、行政法规规定的公司章程
C. 股东全部以货币出资
D. 有健全的风险管理和内部控制制度

45. 期货交易所、期货公司遭受重大突发市场风险或者不可抗力的，经（　　）批准，期货交易所、期货公司可以暂停缴纳期货投资者保障基金。
A. 期货业协会　　　　　　　　B. 中国证监会、财政部
C. 中国银监会　　　　　　　　D. 中国证监会、商务部

46. （　　）可以指定相关机构作为期货投资者保障基金管理机构．代为管理保障基金。
A. 中国证监会、财政部　　　　B. 中国证监会、商务部
C. 中国证监会、期货交易所　　D. 中国期货业协会、中国证监会

47. 期货交易所终止的，应当成立清算组进行清算，清算组制订的清算方案，应当报（　　）批准。
A. 中国证监会　　　　　　　　B. 所在地人民法院
C. 期货业协会　　　　　　　　D. 财政部

48. 期货公司不得为金融期货投资者适当性测试得分低于（　　）分的投资者申请开立交易编码。
A. 60　　　　B. 65　　　　C. 70　　　　D. 80

49. 在我国，有1/3以上的会员联名提议时，期货交易所应该召开（　　）。
A. 董事会　　B. 理事会　　C. 职工代表大会　　D. 临时会员大会

50. 期货交易所会员大会应当对表决事项制作会议纪要，由（　　）签名。
A. 全体会员　　　　　　　　　B. 全体理事
C. 出席会议的理事　　　　　　D. 有表决权的理事

51. 期货公司强行平仓数额与客户需追加保证金数额相比，（　　）。
A. 前者必须小于后者　　　　　B. 前者必须大于后者
C. 应基本相当　　　　　　　　D. 应完全一致

52. 根据《期货交易所管理办法》的规定，下列不属于期货交易所会员大会行使的职权的是（　　）。
A. 审议批准期货交易所的财务预算方案、决算报告
B. 决定增加或者减少期货交易所注册资本
C. 决定期货交易所理事会提交的其他重大事项
D. 决定专门委员会的设置

53. 不具有主体资格的经营机构因从事期货经纪业务而导致期货经纪合同无效，该机构按客户的交易指令入市交易的，收取的佣金应返还给客户，交易结果由（　　）

承担。
A. 该经营机构　　B. 客户　　　C. 期货交易所　　D. 交易对下方

54. 在计算期货公司净资本时，对于公司持有的金融资产，按照分类和流动性情况采取不同比例进行风险调整，分类中同时符合两个或者两个以上标准的，应当采用（　　）进行风险调整。
A. 最低比例　　B. 平均值　　　C. 最高比例　　D. 无法确定

55. 期货公司借入次级债务的，在计算净资本时，可以将所借入的次级债务（　　）。
A. 按照中国证监会规定的比例计入总资本
B. 按照中国证监会规定的比例计入风险资本
C. 按照中国证监会规定的比例计入净资本
D. 按照中国证监会规定的比例计入注册资本

56. 根据《期货交易所管理办法》的规定，公司制期货交易所董事会会议的召开和议事规则应当符合（　　）的规定。
A. 交易规则　　　　　　　　B. 期货交易所章程
C. 股东大会　　　　　　　　D. 证监会

57. 期货公司及其他期货经营机构、非期货公司结算会员、期货保证金存管银行提供虚假申请文件或者采取其他欺诈手段隐瞒重要事实骗取期货业务许可的，撤销其期货业务许可，（　　）。
A. 处以违法所得2倍罚款　　　B. 处以违法所得3倍罚款
C. 没收违法所得　　　　　　　D. 处以违法所得4倍罚款

58. 根据《期货市场客户开户管理规定》，客户开立期货账户时，负责客户开户资料进行审核的是（　　）。
A. 中国期货保证金监控中心　　B. 期货交易所
C. 中国期货业协会　　　　　　D. 期货公司

59. 申请期货公司总经理、副总经理的任职资格，应当具有从事期货业务（　　）年以上经验，或者其他金融业务（　　）年以上经验，或者法律、会计、业务（　　）年以上经验。
A. 1；2；3　　B. 3；4；5　　C. 4；5；6　　D. 3；3；5

60. 中国证监会在受理金融期货结算业务资格申请之日起（　　）个月内，做出批准或者不批准的决定。
A. 3　　　B. 6　　　C. 9　　　D. 12

二、多项选择题（共40题，每小题1分，共40分）以下备选项中有两项或两项以上符合题目要求，多选、少选、错选均不得分。

1. 《期货交易管理条例》中明令禁止的行为有（　　）。
A. 内幕交易　　　　　　　　B. 操纵期货交易价格
C. 欺诈　　　　　　　　　　D. 变相期货交易

2. 期货交易所应当按照国家有关规定建立、健全的风险管理制度有（　　）。

A. 保证金制度 B. 持仓限额和大户持仓报告制度
C. 风险准备金制度 D. 当日无负债结算制度

3. 国务院期货监督管理机构依法履行职责，可以采取下列措施（   ）。
   A. 进入涉嫌违法行为发生场所调查取证
   B. 查阅、复制与被调查事件有关的财产权登记等资料
   C. 查询与被调查事件有关的单位的保证金账户和银行账户
   D. 询问当事人和与被调查事件有关的单位和个人，限制其人身自由

4. 在我国，期货交易所一般不得从事（   ）。
   A. 期货交易 B. 信托投资
   C. 股票投资 D. 非自用不动产投资

5. 期货公司有下列（   ）行为的，责令改正，给予警告，没收违法所得，并处违法所得1倍以上5倍以下的罚款；没有违法所得或者违法所得不满10万元的，并处10万元以上50万元以下的罚款；情节严重的，责令停业整顿或者吊销期货业务许可证。
   A. 向客户作获利保证或者不按照规定向客户出示风险说明书的
   B. 隐瞒重要事项或者使用其他不正当手段，诱骗客户发出交易指令的
   C. 未将客户交易指令下达到期货交易所的
   D. 向客户提供虚假成交回报的

6. 期货公司、证券公司违反《期货市场客户开户管理规定》的，中国证监会及其派出机构可以采取（   ）等监管措施。
   A. 责令停业整顿 B. 出具警示函 C. 监管谈话 D. 责令限期整改

7. 会员在期货交易中违约的，期货交易所先以该会员的保证金承担违约责任；保证金不足的，期货交易所应当以（   ）代为承担违约责任，并由此取得对该会员的相应追偿权。
   A. 风险准备金 B. 自有资金 C. 结算担保金 D. 银行贷款

8. 期货交易所交易规则应当载明的事项包括（   ）。
   A. 期货交易、结算和交割制度
   B. 保证金的管理和使用制度
   C. 违规、违约行为及其处理办法
   D. 风险管理制度和交易异常情况的处理程序

9. 期货交易所因下列（   ）情形而解散。
   A. 法定代表人变更 B. 会员大会或者股东大会决定解散
   C. 章程规定的营业期限届满 D. 中国证监会决定关闭

10. 会员制期货交易所会员大会行使的职权包括（   ）。
    A. 审定期货交易所章程、交易规则及其修改草案
    B. 审议批准理事会和总经理的工作报告
    C. 决定增加或者减少期货交易所注册资本
    D. 决定期货交易所的合并、分立、解散和清算事项

11. 期货交易所的下列人员中，未经中国证监会批准，不得在任何营利性组织中兼职的有（　　）。
    A. 理事长、副理事长　　　　　　　　B. 监事会主席、副主席
    C. 总经理、副总经理　　　　　　　　D. 董事长、副董事长

12. 期货公司申请金融期货经纪业务资格，应当具备的条件有（　　）。
    A. 申请日前 2 个月的风险监管指标持续符合规定的标准
    B. 具有健全的公司治理、风险管理制度和内部控制制度，并有效执行
    C. 高级管理人员近 2 年内未受过刑事处罚，未因违法违规经营受过行政处罚，无不良信用记录，且不存在因涉嫌违法违规经营正在被有权机关调查的情形
    D. 业务设施和技术系统符合相关技术规范且运行状况良好

13. 期货公司申请金融期货经纪业务资格，应当向中国证监会提交的申请材料包括（　　）。
    A. 金融期货经纪业务资格申请书
    B. 加盖公司公章的营业执照和业务许可证复印件
    C. 股东会或者董事会关于期货公司申请金融期货经纪业务资格的决议文件
    D. 申请日前 2 个月的期货公司风险监管报表

14. 期货公司与其控股股东在（　　）等方面应当严格分开，独立经营，独立核算。
    A. 业务　　　　B. 人员　　　　C. 资产　　　　D. 财务

15. 期货公司的股东及实际控制人出现下列（　　）情形的，应当在 3 个工作日内通知期货公司。
    A. 质押所持有的期货公司股权
    B. 不能正常行使股东权利或者承担股东义务，可能造成期货公司治理的重大缺陷
    C. 涉嫌严重违法违规经营，被有权机关调查，采取强制措施
    D. 变更名称

16. 中国证监会认为期货市场出现异常情况的，可以决定采取（　　）等必要的风险处置措施。
    A. 延迟开市　　　B. 暂停交易　　　C. 提前闭市　　　D. 以上都不允许

17. 下列人员申请期货公司董事长、监事会主席、高级管理人员的任职资格，学历可以放宽至大学专科的有（　　）。
    A. 具有从事法律、会计业务 8 年以上经验的人员
    B. 具有在证券公司等金融机构从事风险管理、合规业务 5 年以上经验的人员
    C. 具有从事期货业务 10 年以上经验的人员
    D. 曾担任金融机构部门负责人以上职务 8 年以上的人员

18. 机构任用具有从业资格考试合格证明且符合下列（　　）条件的人员从事期货业务的，应当为其办理从业资格申请。
    A. 已被本机构聘用
    B. 品行端正，具有良好的职业道德
    C. 最近 3 年内未因违法违规行为被撤销证券、期货从业资格

D. 最近2年内来受过刑事处罚或者中国证监会等金融监管机构的行政处罚

19. 期货公司首席风险官不得有下列（　　）行为。
    A. 擅离职守，无故不履行职责或者授权他人代为履行职责
    B. 利用职务之便牟取私利
    C. 滥用职权，干预期货公司正常经营
    D. 在期货公司兼任除合规部门负责人以外的其他职务

20. 期货公司变更法定代表人，拟任法定代表人应当具备任职资格。期货公司应当向住所地的中国证监会派出机构提交下列（　　）申请材料。
    A. 变更法定代表人申请书
    B. 股东会关于变更法定代表人的决议文件
    C. 拟任法定代表人任职资格证明
    D. 中国证监会派出机构规定的其他材料

21. 期货公司应当在（　　）提示客户可以通过中国期货业协会网站查询其从业人员资格公示信息。
    A. 指定媒体   B. 期货经纪合同   C. 本公司网站   D. 营业场所

22. 期货从业人员在进行投资分析或者提出投资建议时应当（　　）。
    A. 勤勉尽责、独立客观
    B. 严格区分客观事实与主观判断
    C. 投资分析及投资建议要有合理、充足的依据
    D. 对重要事实予以明示

23. 应当认定期货经纪合同无效的情形有（　　）。
    A. 一方因重大误解订立合同的
    B. 没有从事期货经纪业务的主体资格而从事期货经纪业务的
    C. 不具备从事期货交易主体资格的客户从事期货交易的
    D. 违反法律、法规禁止性规定的

24. 自然人投资者应当全面评估自身的（　　），审慎决定是否参与金融期货交易。
    A. 产品认知能力   B. 经济实力
    C. 生理及心理承受能力   D. 风险控制能力

25. 取得中间介绍业务资格的证券公司接受期货公司委托，协助办理开户手续的，应当（　　）。
    A. 对投资者开户资料和身份真实性等进行审查
    B. 向投资者充分揭示金融期货交易风险
    C. 进行相关知识测试和风险评估
    D. 做好开户入金指导

26. 对违反《期货公司执行金融期货投资者适当性制度管理规则（修订）》的会员单位，经告诫仍不改正的，中国期货业协会将视其情节轻重予以下（　　）纪律惩戒。
    A. 批评   B. 协会内通报批评

C. 取消会员资格并公告　　　　　　D. 通过媒体公开谴责

27. 中国证监会或者其派出机构通过下列（　　）方式对拟任人的能力、品行和资历进行审查。
    A. 审核材料　　B. 考察谈话　　C. 调查从业经历　　D. 问卷调查

28. 申请人或者拟任人有下列（　　）情形的，中国证监会或者其派出机构可以作出终止审查的决定。
    A. 拟任人死亡或者丧失行为能力
    B. 申请人撤回申请材料
    C. 申请人或者拟任人因涉嫌违法违规行为被有权机关立案调查
    D. 申请人被依法采取停业整顿、托管、接管、限制业务等监管措施

29. 首席风险官有不履行职责行为的，中国证监会及其派出机构可以依照《期货公司董事、监事和高级管理人员任职资格管理办法》对首席风险官采取（　　）等监管措施。
    A. 临管谈话　　B. 出具警示函　　C. 责令更换　　D. 免职

30. 根据《期货公司董事、监事和高级管理人员任职资格管理办法》的规定，期货公司董事、监事、财务负责人、营业部负责人离任的，其任职资格自离任之日起自动失效。但有下列（　　）情形的，不受上述规定的限制。
    A. 期货公司除董事长、监事会主席、独立董事以外的董事、监事，在同一期货公司内由董事改任监事或者由监事改任董事
    B. 在同一期货公司内，董事长改任监事会主席，或者监事会主席改任董事长
    C. 在同一期货公司内，董事长、监事会主席改任除独立董事之外的其他董事、监事
    D. 在同一期货公司内，营业部负责人改任其他营业部负责人

31. 下列用语的含义正确的有（　　）。
    A. 资产、流动资产，是指期货公司的自身资产，不含客户保证金
    B. 资产、流动资产，是指期货公司的自身资产，含客户保证金
    C. 负债、流动负债，是指期货公司的对外负债，不含客户权益
    D. 负债、流动负债，是指期货公司的对外负债，含客户权益

32. 期货公司发生下列（　　）重大事件时，期货公司及其相关股东、实际控制人应当自该事件发生之日起5日内向国务院期货监督管理机构提交书面报告。
    A. 股权被冻结　　　　　　　　　　B. 涉及重大诉讼、仲裁
    C. 股权被用于担保　　　　　　　　D. 以上都正确

33. 在我国，（　　）从事期货交易应当遵循套期保值的原则。
    A. 金融机构　　B. 国有企业　　C. 事业单位　　D. 国有控股企业

34. 期货交易所、非期货公司结算会员有下列（　　）行为之一的，对直接负责的主管人员和其他直接责任人员给予纪律处分，处1万元以上10万元以下的罚款。
    A. 违反规定收取手续费的
    B. 不按照规定公布即时行情的，或者发布价格预测信息的

C. 不按照规定建立、健全结算担保金制度的

D. 不按照规定向国务院期货监督管理机构履行报告义务的

35. 期货公司从事期货投资咨询业务需要具备的资格有（   ）。

    A. 经中国证监会批准取得期货投资咨询业务资格

    B. 从事期货投资咨询业务的人员具备3年以上期货投资咨询业务从业经验

    C. 从事期货投资咨询业务的人员取得期货投资咨询业务从业资格

    D. 注册资本不低于8000万元人民币

36. 我国期货公司目前可以申请从事的期货业务有（   ）。

    A. 期货经纪业务   B. 期货投资咨询业务

    C. 期货自营业务   D. 为其股东提供融资业务

37. 期货公司有下列（   ）行为的，对直接负责的主管人员和其他直接责任人员给予警告，并处1万元以上5万元以下的罚款；情节严重的，暂停或者撤销任职资格、期货从业人员资格。

    A. 接受不符合规定条件的单位或者个人委托的

    B. 允许客户在保证金不足的情况下进行期货交易的

    C. 违反规定从事与期货业务无关的活动的

    D. 为其股东、实际控制人或者其他关联人提供融资，或者对外担保的

38. 期货公司有下列（   ）行为的，对直接负责的主管人员和其他直接责任人员给予警告，并处1万元以上10万元以下的罚款；情节严重的，暂停或者撤销任职资格、期货从业人员资格。

    A. 在经纪业务中与客户约定分享利益、共担风险的

    B. 挪用客户保证金的

    C. 同客户做获利保证或者不按照规定向客户出示风险说明书的

    D. 不按照规定接受客户委托或者不按照客户委托内容擅自进行期货交易的

39. 期货交易内幕信息的知情人或者非法获取期货交易内幕信息的人，在对期货交易价格有重大影响的信息尚未公开前，利用内幕信息从事期货交易，或者向他人泄露内幕信息，使他人利用内幕信息进行期货交易的，其应承担的法律责任是（   ）。

    A. 没收违法所得，并处违法所得1倍以上3倍以下的罚款

    B. 没收违法所得，并处违法所得1倍以上5倍以下的罚款

    C. 没有违法所得或者违法所得不满10万元的，处10万元以上50万元以下的罚款

    D. 对直接负责的主管人员和其他直接责任人员给予警告，并处5万元以上50万元以下的罚款

40. 下列人员进行期货内幕交易，依法应从重处罚的有（   ）。

    A. 国务院期货监督管理机构的工作人员

    B. 期货交易所的工作人员

    C. 期货保证金安全存管监控机构的工作人员

    D. 民营企业的工作人员

三、判断题（共20题，每小题0.5分，共10分）正确的选A，错误的选B。不选、错选均不得分。

1. 设立期货公司，应当经国务院期货监督管理机构批准，并在公司登记机关登记注册。（　）

2. 国务院期货监督管理机构根据审慎监管原则和各项业务的风险程度，可以提高注册资本最低限额。（　）

3. 期货公司业务实行许可制度，由工商行政管理机关按照其商品期货、金融期货业务种类颁发许可证。（　）

4. 期货投资者保障基金管理机构应当以期货交易所名义设立资金专用账户，专户存储保障基金。（　）

5. 期货交易所终止的，应当成立清算组进行清算清算组制订的清算方案，应当报期货交易所会员大会批准。（　）

6. 在会员制期货交易所中，有1/5以上会员联名提议，应当召开临时会员大会。（　）

7. 会员制期货交易所会员人会应当对表决事项制作会议纪要，由出席会议的全体会员签名。（　）

8. 会员制期货交易所理事会由会员理事和非会员理事组成，其中会员理事由理事会选举产生。（　）

9. 会员制期货交易所理事长经中国证监会批准，可以兼任总经理。（　）

10. 会员制期货交易所理事长因故临时不能履行职权的，由理事长指定的副理事长或者理事代其履行职权。（　）

11. 会员制期货交易所理事会会议结束之日起15日内，理事会应当将会议决议及其他会议文件报告中国证监会。（　）

12. 申请期货公司董事长和监事会主席的任职资格，应当具有从事期货业务3年以上经验，或者其他金融业务3年以上经验，或者法律、会计业务4年以上经验。（　）

13. 中国期货业协会应当建立期货从业人员信息数据库，公示并且及时更新从业资格注册、诚信记录等信息。（　）

14. 首席风险官履行职责应当保持充分的独立性，作出独立、审慎、及时的判断，主动回避与本人有利害冲突的事项。（　）

15. 期货公司取得金融期货结算业务资格后，应当向中国证监会及其派出机构申请相应结算会员资格。（　）

16. 根据《期货公司风险监管指标管理试行办法》的规定，净资本的计算公式为：净资本＝净资产－资产调整值＋负债调整值＋客户未足额追加的保证金－／＋其他调整项。（　）

17. 证券公司与期货公司应当独立经营，保持财务、人员、经营场所等分开隔离。（　）

18. 期货从业人员不得以个人或者他人名义参与期货交易。（　）

19. 全面结算会员期货公司与非结算会员签订、变更或者终止结算协议的，应当在签订、变更或者终止结算协议之日起10个工作日内向协议双方住所地的中国证监会派出机构、期货交易所和期货保证金安全存管监控机构报告。（　）

20. 期货从业人员违反《期货从业人员执业行为准则》，情节严重，并造成严重后果的，予以训诫，训诫以训诫信的形式向个人发出。（　）

四、综合题（共20题，每小题1分，共20分）以下备选项中有一项或多项符合题目要求，不选、错选均不得分。

1. 2015年，A期货交易所的手续费收入为5000万元人民币，根据《期货交易所管理办法》的规定，该期货交易所应提取的风险准备金为（　）万元。
   A. 500　　　　B. 1000　　　　C. 2000　　　　D. 2500

2. A期货交易所会员现有可流通的国债1000万元，该会员在期货交易所专用结算账户中的实有货币资金为300万元，则该会员有价证券冲抵保证金的金额不得高于（　）万元。
   A. 500　　　　B. 600　　　　C. 800　　　　D. 1200

3. 2015年7月8日，A期货交易所会员丁在该交易日买入大量的小麦期货合约。合约的保证金总额超过了其现有资金，丁准备用其持有的国债0213冲抵部分保证金2015年7月7日，国债0213在上海证券交易所和深圳证券交易所的开盘价分别为79.65元/手、79.62元/手；最高价分别为79.69元/手、79.66元/手；最低价分别为79.37元/手、79.45元/手；收盘价分别为79.51元/手、79.44元/手。根据《期货交易所管理办法》的规定，以国债0213冲抵保证金，期货交易所应以（　）元/手为基准计算价值。
   A. 79.44　　　　B. 79.69　　　　C. 79.62　　　　D. 79.37

4. 客户A因要长期出国居住，决定把其在期货公司的账户和所有权益转让给朋友B。期货公司即与A签署协议，声明原A的账户以及账户中持仓合约和资金余额全部转让给B。之后，期货公司在没有与B重新签署开户文件的情况下开始代理B进行交易（只是简单地把A的账户名称更改为B）。数月后，B在操作中亏损100万元。不久，B向法院提起诉讼，状告期货公司没有与其签署《期货交易风险说明书》提示其期货市场风险，要求赔偿损失，下列说法正确的是（　）。
   A. 因根据以往的交易结果记载判断客户B是否有交易经历，如有，则应免除期货公司的责任
   B. 期货公司未提示客户注意《期货交易风险说明书》的内容并由客户签字签章，且客户无交易经历的，对于客户的交易损失，应承担相应的赔偿责任
   C. 客户A为公司老客户，已有交易经历，而在过户时期货公司与B未重新签署开户文件，应认定客户B也有交易经历，因此期货公司不承担责任
   D. 期货公司在客户过户时违规操作，应承担全部损失的赔偿责任

5. A期货公司因风险控制不力导致保证金出现缺口，中国证监会按照《期货投资者保障基金管理暂行办法》规定决定使用保障基金，对不能清偿的投资者保证金损失予

以补偿。丙投资者的保证金遭受损失,若丙为个人投资者,其保证金损失数额为9万元,则丙可以得到的保障基金补偿金额为( )万元。
A. 5   B. 9   C. 8.1   D. 6.4

6. 作为机构投资者而以个人名义参与期货交易并遭受保证金损失的,按照( )补偿规则进行补偿。
   A. 个人投资者
   B. 机构投资者
   C. 个人投资者和机构投资者
   D. 保证金损失的50%

7. 期货交易过程中,出现( )情形时,期货交易所可以宣布进入异常情况,采取紧急措施化解风险。
   A. 由于地震、水灾、火灾等不可抗力导致交易无法正常进行
   B. 会员出现结算、交割危机,对市场正在产生或者即将产生重大影响
   C. 由于计算机系统故障的原因导致交易无法正常进行
   D. 期货价格出现同方向连续涨跌停板,期货交易所采取相应措施后仍未化解风险的

8. 假设Z某在A期货公司任副总经理期间被举报其在证券公司涉嫌从事期货自营业务,Z某是直接责任人,经过证监会派出机构核实情况属实。Z某可能受到的行政处罚是( )。
   A. 给予警告
   B. 拘留
   C. 处1万元以上5万元以下的罚款
   D. 刑事起诉

9. A期货交易所欲委任刘某做中层管理人员,根据《期货交易所管理办法》的相关规定,A期货交易所就该事项向中国证监会报告的期限是( )。
   A. 决定之日起5日内
   B. 决定之日起15日内
   C. 决定之日起10日内
   D. 决定之日起30日内

10. 王某是A期货公司的工作人员,吴某是该公司的客户。A期货公司指派王某为吴某提供交易服务。后王某离职到了B期货公司工作,但A期货公司和王某都没有将此情况告知吴某。吴某继续在A期货公司交易,并继续把下达的指令交给王某,而王某并没有把收到的指令交回A期货公司,导致了吴某的损失。A公司对此事完全知情并采取默认态度。在本案中,应承担该损失的是( )。
    A. A期货公司
    B. B期货公司
    C. 王某
    D. 王某和B期货公司

11. 假设上海期货交易所的铜期货价格连续3日涨幅达到最大限度4%,市场风险急剧增大。为了化解风险,上海期货交易所临时把铜期货合约的保证金由合约价值的5%提高至6%,并采取了按一定原则减仓等措施。在该种情况下,除上述措施外,上海期货交易所还可以( )。
    A. 把最大涨跌幅度调整为±3%
    B. 把最大涨跌幅度调整为±5%
    C. 把最大涨幅调整为5%,把最大跌幅调整为-3%
    D. 把最大涨幅调整为4.5%,最大跌幅不变

12. A期货公司的甲客户的保证金不足,A期货公司履行了通知义务,但甲客户称资金

5天后才能到位,要求暂时保留持仓,期货公司不置可否。随后的行情发展一直不利于甲客户,并且造成巨大损失。甲客户声称A期货公司未履行通知义务,要求A期货公司承担损失。下列关于责任承担说法中,正确的是( )。

A. A期货公司如果未与客户书面协商一致,A期货公司应当承担主要赔偿责任,赔偿额不超过损失的80%

B. A期货公司如果与客户书面协商一致,损失应当由客户承担,穿仓的损失由A期货公司承担

C. A期货公司如果未与客户书面协商一致,A期货公司应当承担全部赔偿责任

D. A期货公司如果与客户书面协商一致,损失应当由客户和A期货公司共同承担

13. 丙纺纱厂在期货公司开户进行棉花期货套期保值交易。期货公司因风险控制不力致使该纺纱厂的客户保证金出现缺口1600万元,期货公司使用自有资金补偿该纺纱厂600万元,其余的保证金缺口期货公司无法清偿。如果中国证监会决定使用保障基金予以补偿,该纺纱厂能得到期货投资者保障基金补偿的金额为( )万元。

A. 901　　　　　B. 990　　　　　C. 802　　　　　D. 1000

14. 期货从业人员刘某利用工作便利,了解到所在公司一些客户的交易信息,刘某不仅自己利用客户的交易信息从事期货交易,还把信息透露给亲朋好友。期货公司了解到上述情形后,开除了刘某。期货公司应当在对刘某做出处分决定后向( )报告。

A. 期货交易所　　　　　　　　　B. 中国证监会
C. 所在公司住所地证监会派出机构　　D. 中国期货业协会

15. 赵某为A期货公司客户,由于经常出差无法参与交易,在营业部经理推荐下,将交易全权委托给营业部员工丁某。不久,赵某发现其账户亏损10万元,遂向法院提起了诉讼。赵某可以向( )提起诉讼。

A. 营业部住所地中级人民法院　　　B. 期货交易所住所地中级人民法院
C. 期货公司住所地中级人民法院　　D. 期货交易所住所地高级人民法院

16. A期货公司拟聘请杨某为期货公司的首席风险官,对杨某的提名和聘任,下列说法中正确的有( )。

A. 期货公司应当根据公司章程的规定依法提名并聘任首席风险官

B. 期货公司提名并聘任首席风险官还应当经全体高级管理人员同意

C. 期货公司设有独立董事的,提名并聘任首席风险官还应当经全体独立董事同意

D. 董事会选聘首席风险官,应当将其是否熟悉期货法律法规、是否诚信守法、是否具备胜任能力以及是否符合规定的任职条件作为主要判断标准

17. A经营机构于2016年3月20日与客户丁某签订了一份期货经纪合同。经查,该机构不具有从事期货经纪业务的主体资格。则以下说法正确的是( )。

A. 如果该机构是按客户的交易指令入市交易的,则收取的佣金应当返还给客户

B. 如果该机构是按客户的交易指令入市交易的,则收取的佣金无须返还给客户

C. 如果该机构是按客户的交易指令入市交易的,则交易结果由客户承担

D. 虽然该机构是按客户的交易指令入市交易的,但交易结果仍由该机构自己承担

18. A期货公司与客户B签订了一份期货经纪合同。一日，B向A下达了一份交易指令，但该交易指令没有品种、数量和买卖方向。则下列说法正确的是（   ）。

   A. A可以拒绝执行该交易指令

   B. A不可以拒绝执行该交易指令

   C. 若A未拒绝执行，则因此进行交易造成B损失的，应由A承担赔偿责任

   D. 若A未拒绝执行，则因此进行交易造成B损失的，应由B自行承担

19. A期货公司与客户王某签订了一份期货经纪合同。一日，王某向A公司下达了一份交易指令，指令要求A公司于当日以人民币1000元的价格买进10手的大豆合约。A公司违背该指令，以人民币1500元买进了10手，则（   ）。

   A. 超出的5000元部分由A公司承担

   B. 超出的5000元部分由王某承担

   C. 超出的5000元部分由A公司和王某共同承担

   D. 王某可以拒绝接受该交易结果，由A公司承担该交易结果

20. 刘某是A期货公司的客户。某日，刘某收到A期货公司的通知，告诉刘某由于近段时间期货价格大跌，其期货保证金已经不足，应当在通知时间内追加保证金，刘某未加以理睬。根据此情况，A期货公司应当相应（   ）。

   A. 调减注册资本   B. 增加净资本   C. 调减净资本   D. 增加流动负债

模拟试卷（一）参考答案及解析

一、单项选择题

1. 【答案】 A

【解析】《期货交易所管理办法》第三条规定，本办法所称期货交易所是指依照《期货交易管理条例》和本办法规定设立，不以营利为目的，履行《期货交易管理条例》和本办法规定的职责，按照章程和交易规则实行自律管理的法人。第七条规定，期货交易所不以营利为目的，按照其章程的规定实行自律管理。期货交易所以其全部财产承担民事责任。期货交易所的负责人由国务院期货监督管理机构任免，期货交易所的管理办法由国务院期货监督管理机构制定。

2. 【答案】 D

【解析】《期货交易管理条例》第十三条第一款规定，期货交易所办理下列事项，应当经国务院期货监督管理机构批准：（一）制定或者修改章程、交易规则；（二）上市、中止、取消或者恢复交易品种；（三）国务院期货监督管理机构规定的其他事项。

3. 【答案】 A

【解析】《期货交易管理条例》第十五条第一款规定，期货公司是依照《中华人民共和国公司法》和本条例规定设立的经营期货业务的金融机构。设立期货公司，应当在公司登记机关登记注册，并经国务院期货监督管理机构批准。

4. 【答案】 A

【解析】《期货投资者保障基金管理暂行办法》第五条规定，保障基金由中国证监会集

中管理、统筹使用。

5. 【答案】 D

【解析】《期货投资者保障基金管理暂行办法》第六条规定，保障基金的管理和运用遵循公开、合理、有效的原则。

6. 【答案】 C

【解析】《期货公司监督管理办法》第四十一条规定，首席风险官发现涉嫌占用、挪用客户保证金等违法违规行为或者可能发生风险的，应当立即向住所地中国证监会派出机构和公司董事会报告。

7. 【答案】 A

【解析】《期货交易管理条例》第八十一条规定，涨跌停板是指合约在1个交易日中的交易价格不得高于或者低于规定的涨跌幅度，超出该涨跌幅度的报价将被视为无效，不能成交。

8. 【答案】 B

【解析】《期货投资者保障基金管理暂行办法》第七条规定，保障基金的使用遵循保障投资者合法权益和公平救助原则，实行比例补偿。

9. 【答案】 C

【解析】《期货投资者保障基金管理暂行办法》第九条规定，保障基金的启动资金由期货交易所从其积累的风险准备金中按照截至2006年12月31日风险准备金账户总额的15%缴纳形成。

10. 【答案】 B

【解析】《期货公司董事、监事和高级管理人员任职资格管理办法》第四十五条规定，期货公司董事长、监事会主席、独立董事、经理层人员和取得经理层人员任职资格但未实际任职的人员，应当至少每2年参加1次由中国证监会认可、行业自律组织举办的业务培训，取得培训合格证书。

11. 【答案】 B

【解析】《期货交易所管理办法》第二十二条规定，会员制期货交易所会员大会由理事长主持。

12. 【答案】 C

【解析】《期货交易所管理办法》第二十二条规定，会员制期货交易所召开会员大会，应当将会议审议的事项于会议召开10日前通知会员，临时会员大会不得对通知中未列明的事项作出决议。

13. 【答案】 B

【解析】《期货交易所管理办法》第二十三条规定，会员制期货交易所会员大会有2/3以上会员参加方为有效会员大会应当对表决事项制作会议纪要，由出席会议的理事签名。

14. 【答案】 B

【解析】《期货交易所管理办法》第二十三条规定，会员制期货交易所会员大会结束之日起10日内，期货交易所应当将大会全部文件报告中国证监会。

15. 【答案】 B

【解析】《期货交易所管理办法》第二十四条规定，会员制期货交易所设理事会，每届任期3年。

16. 【答案】 D

【解析】《期货交易所管理办法》第二十九条规定，理事会会议至少每半年召开1次。每次会议应当于会议召开10日前通知全体理事。

17. 【答案】 A

【解析】《期货交易所管理办法》第二十六条规定，理事会由会员理事和非会员理事组成；其中会员理事由会员大会选举产生，非会员理事由中国证监会委派。

18. 【答案】 C

【解析】《期货公司金融期货结算业务试行办法》第七条规定，期货公司申请金融期货结算业务资格，控股股东或者实际控制人为金融机构，在最近2年成立或者重组的，应当自成立或者重组完成之日起持续经营。

19. 【答案】 B

【解析】《期货公司监督管理办法》第二十条规定，期货公司变更法定代表人，拟任法定代表人应当具备任职资格，期货公司应当向住所地中国证监会派出机构提交申请材料。

20. 【答案】 D

【解析】《期货公司监督管理办法》第二十二条规定，期货公司变更住所，应当向拟迁入地中国证监会派出机构提交申请材料。

21. 【答案】 C

【解析】《期货公司监督管理办法》第二十四条规定，期货公司申请设立分支机构，应当向公司所在地中国证监会派出机构提交申请日前3个月月末的风险监管报表。

22. 【答案】 D

【解析】《期货市场客户开户管理规定》第十二条规定，期货公司应当按照监控中心规定的格式要求采集并以电子文档方式在公司总部集中统一保存客户影像资料，并随其他开户材料一并存档备查。

23. 【答案】 B

【解析】《期货公司资产管理业务试点办法》第十条规定，期货公司股东、实际控制人及其关联人以及期货公司董事、监事、高级管理人员、从业人员的父母、子女成为本公司资产管理业务客户的，应当自签订资产管理合同之日起5个工作日内，向住所地中国证监会派出机构备案，并在本公司网站上披露其关联关系或者亲属关系。

24. 【答案】 A

【解析】《期货公司董事、监事和高级管理人员任职资格管理办法》第二十条规定，期货公司营业部负责人的任职资格由期货公司营业部所在地的中国证监会派出机构依法核准。

25. 【答案】 B

【解析】《期货从业人员管理办法》第二十条规定，中国证监会指导和监督协会对期货从业人员的自律管理活动。

26. 【答案】 D

【解析】《期货公司首席风险官管理规定（试行）》第二条规定，首席风险官向期货公司董事会负责。

27. 【答案】 A

【解析】《期货公司金融期货结算业务试行办法》第十六条规定，全面结算会员期货公司可以受托为其客户以及非结算会员办理金融期货结算业务。

28. 【答案】 A

【解析】《期货公司金融期货结算业务试行办法》第十九条规定，非结算会员下达的交易指令应当经全面结算会员期货公司审查或者验证后进入期货交易所。

29. 【答案】 B

【解析】《期货从业人员执业行为准则（修订）》第三十五条规定，聘用期货从业人员的期货经营机构发现从业人员有违规行为的，应当在10个工作日内向协会报告。

30. 【答案】 B

【解析】《期货从业人员执业行为准则（修订）》第三十七条规定，从业人员违反本准则，情节轻微，且没有造成严重后果的，予以训诫，训诫以训诫信的形式向个人发出。

31. 【答案】 A

【解析】《最高人民法院关于审理期货纠纷案件若干问题的规定》第三十一条规定，期货交易所在期货公司没有保证金或者保证金不足的情况下，允许期货公司开仓交易或者继续持仓，应当认定为透支交易。

32. 【答案】 A

【解析】《最高人民法院关于审理期货纠纷案件若干问题的规定》第三十一条规定，审查期货公司或者客户是否透支交易，应当以期货交易所规定的保证金比例为标准。

33. 【答案】 A

【解析】《金融期货投资者适当性制度操作指引》第二十条规定，综合评估满分为100分，其中基本情况、相关投资经历、财务状况、诚信状况的分值上限分别为15分、20分、50分、15分。

34. 【答案】 C

【解析】《金融期货投资者适当性制度操作指引》第二十二条规定，期货公司会员不得为综合评估得分在70分以下（不舍）的投资者申请开立交易编码。

35. 【答案】 B

【解析】《期货公司董事、监事和高级管理人员任职资格管理办法》第五十四条规定，期货公司董事、监事和高级管理人员在任职期间擅离职守，造成严重后果的，中国证监会及其派出机构可以将其认定为不适当人选。

36. 【答案】 D

【解析】《最高人民法院关于审理期货纠纷案件若干问题的规定》第二十七条规定，客户对当日交易结算结果的确认，应当视为对该日之前所有持仓和交易结算结果的确认，所产生的交易后果由客户自行承担。

37. 【答案】 B

【解析】《期货交易管理条例》第四条规定，期货交易应当在依法设立的期货交易所或者国务院期货监督管理机构批准的其他交易场所进行。

38. 【答案】 B

【解析】《期货交易管理条例》第四十四条规定，期货业协会的权力机构为全体会员组成的会员大会。期货业协会的章程由会员大会制定，并报国务院期货监督管理机构备案。

39. 【答案】 C

【解析】《期货交易管理条例》第三十三条和第三十五条规定，期货交易的结算和交割，由期货交易所统一组织进行。

40. 【答案】 B

【解析】《期货公司资产管理业务试点办法》第四十四条规定，期货公司应该按照规定的内容与格式要求，于月度结束后7个工作日内向中国证监会及其派出机构报送资产管理业务月度报告。

41. 【答案】 A

【解析】《期货交易所管理办法》第五条规定，中国证监会依法对期货交易所实行集中统一的监督管理。

42. 【答案】 C

【解析】《期货交易管理条例》第二条规定，期货交易是指采用公开的集中交易方式或者国务院期货监督管理机构批准的其他方式进行的以期货合约或者期权合约为交易标的的交易活动。

43. 【答案】 C

【解析】《期货交易管理条例》第二十五条规定，下列单位和个人不得从事期货交易，期货公司不得接受其委托为其进行期货交易：①国家机关和事业单位；②国务院期货监督管理机构、期货交易所、期货保证金安全存管监控机构和期货业协会的工作人员；③证券、期货市场禁止进入者；④未能提供开户证明材料的单位和个人；⑤国务院期货监督管理机构规定不得从事期货交易的其他单位和个人。

44. 【答案】 C

【解析】《期货交易管理条例》第十六条规定，申请设立期货公司，应当符合，《中华人民共和国公司法》的规定，并具备下列条件：①注册资本最低限额为人民币3000万元；②董事、监事、高级管理人员具备任职条件，从业人员具有期货从业资格；③有符合法律、行政法规规定的公司章程；④主要股东以及实际控制人具有持续盈利能力，信誉良好，最近3年无重大违法违规记录；⑤有合格的经营场所和业务设施；⑥有健全的风险管理和内部控制制度；⑦国务院期货监督管理机构规定的其他条件。

45. 【答案】 B

【解析】《期货投资者保障基金管理暂行办法》第十一条规定，有下列情形之一的，经中国证监会、财政部批准，期货交易所、期货公司可以暂停缴纳保障基金：①保障基金总额达到8亿元人民币；②期货交易所、期货公司遭受重大突发市场风险或者不可抗力。

46. 【答案】 A

【解析】《期货投资者保障基金管理暂行办法》第十三条规定，中国证监会、财政部可以指定相关机构作为期货投资者保障基金管理机构，代为管理保障基金。

47. 【答案】 A

【解析】《期货交易所管理办法》第十八条规定，期货交易所终止的，应当成立清算组进行清算清算组制定的清算方案，应当报中国证监会批准。

48．【答案】 D

【解析】《金融期货投资者适当性制度操作指引》第十一条规定，期货公司会员不得为测试得分低于80分的投资者申请开立交易编码。

49．【答案】 D

【解析】《期货交易所管理办法》第二十一条规定，有1/3以上的会员联名提议时，期货交易所应该召开临时会员大会。

50．【答案】 C

【解析】《期货交易所管理办法》第二十三条规定，期货交易所会员大会应当对表决事项制作会议纪要，由出席会议的理事签名。

51．【答案】 C

【解析】《最高人民法院关于审理期货纠纷案件若干问题的规定》第三十九条规定，期货交易所或者期货公司强行平仓数额应当与期货公司或者客户需追加的保证金数额基本相当。因超量平仓引起的损失，由强行平仓者承担。

52．【答案】 D

【解析】《期货交易所管理办法》第二十条规定，会员大会行使下列职权：①审定期货交易所章程、交易规则及其修改草案；②选举和更换会员理事；③审议批准理事会和总经理的工作报告；④审议批准期货交易所的财务预算方案、决算报告；⑤审议期货交易所风险准备金使用情况；⑥决定增加或者减少期货交易所注册资本；⑦决定期货交易所的合并、分立、解散和清算事项；⑧决定期货交易所理事会提交的其他重大事项；⑨期货交易所章程规定的其他职权。

53．【答案】 B

【解析】关于审理《期货纠纷案件若干问题的规定》第十五条规定，不具有主体资格的经营机构因从事期货经纪业务而导致期货经纪合同无效，该机构按客户的交易指令入市交易的，收取的佣金应当返还给客户，交易结果由客户承担。

54．【答案】 C

【解析】《期货公司风险监管指标管理办法》第九条和第十条规定，期货公司持有的金融资产，按照分类和流动性情况采取不同比例进行风险调整，分类中同时符合两个或者两个以上标准的，应当采用最高的比例进行风险调整。期货公司应当按照账龄及其核算的具体内容，采取不同比例对应收项目进行风险调整，分类中同时符合两个或者两个以上标准的，应当采用最高的比例进行风险调整。

55．【答案】 C

【解析】《期货公司风险监管指标管理办法》第十六条规定，期货公司借入次级债务的，可以将所借入的次级债务按照中国证监会规定的比例计入净资本。

56．【答案】 B

【解析】《期货交易所管理办法》第四十三条规定，公司制期货交易所董事会会议的召开和议事规则应当符合期货交易所章程的规定。

57. 【答案】　C

【解析】《期货交易管理条例》第六十八条规定，期货公司及其他期货经营机构、非期货公司结算会员、期货保证金存管银行提供虚假申请文件或者采取其他欺诈手段隐瞒重要事实骗取期货业务许可的，撤销其期货业务许可，没收违法所得。

58. 【答案】　D

【解析】《期货市场客户开户管理规定》第二条规定，期货公司为客户开立账户，应当对客户开户资料进行审核，确保开户资料的合规、真实、准确和完整。

59. 【答案】　B

【解析】《期货公司董事、监事和高级管理人员任职资格管理办法》第十二条规定，申请总经理、副总经理的任职资格，应当具有从事期货业务3年以上经验，或者其他金融业务4年以上经验，或者法律、会计业务5年以上经验。

60. 【答案】　A

【解析】《期货公司金融期货结算业务试行办法》第十一条规定，中国证监会在受理金融期货结算业务资格申请之日起3个月内，做出批准或者不批准的决定。

二、多项选择题

1. 【答案】　ABCD

【解析】《期货交易管理条例》第三条和第四条规定，从事期货交易活动，应当遵循公开、公平、公正和诚实信用的原则。禁止欺诈、内幕交易和操纵期货交易价格等违法行为；禁止在国务院期货监督管理机构批准的期货交易场所之外进行期货交易，禁止变相期货交易。

2. 【答案】　ABCD

【解析】《期货交易管理条例》第十一条规定，期货交易所应当按照国家有关规定建立、健全下列风险管理制度：①保证金制度；②当日无负债结算制度；③涨跌停板制度；④持仓限额和大户持仓报告制度；⑤风险准备金制度；⑥国务院期货监督管理机构规定的其他风险管理制度。实行会员分级结算制度的期货交易所，还应当建立、健全结算担保金制度。

3. 【答案】　ABC

【解析】《期货交易管理条例》第四十七条规定，国务院期货监督管理机构依法履行职责，可以采取下列措施：①对期货交易所、期货公司及其他期货经营机构、非期货公司结算会员、期货保证金安全存管监控机构和交割仓库进行现场检查；②进入涉嫌违法行为发生场所调查取证；③询问当事人和与被调查事件有关的单位和个人，要求其对与被调查事件有关的事项作出说明；④查阅、复制与被调查事件有关的财产权登记等资料；⑤查阅、复制当事人和与被调查事件有关的单位和个人的期货交易记录、财务会计资料以及其他相关文件和资料；对可能被转移、隐匿或者毁损的文件和资料，可以予以封存；⑥查询与被调查事件有关的单位的保证金账户和银行账户；⑦在调查操纵期货交易价格、内幕交易等重大期货违法行为时，经国务院期货监督管理机构主要负责人批准，可以限制被调查事件当事人的期货交易，但限制的时间不得超过15个交易日；案情复杂的，可以延长至30个交易日；⑧法律、行政法规规定的其他措施。

4. 【答案】 ABCD

【解析】《期货交易管理条例》第十条规定,期货交易所不得直接或者间接参与期货交易。未经国务院期货监督管理机构审核并报国务院批准,期货交易所不得从事信托投资、股票投资、非自用不动产投资等与其职责无关的业务。

5. 【答案】 ABCD

【解析】《期货交易管理条例》第六十七条规定,期货公司有下列欺诈客户行为之一的,责令改正,给予警告,没收违法所得,并处违法所得1倍以上5倍以下的罚款;没有违法所得或者违法所得不满10万元的,并处10万元以上50万元以下的罚款;情节严重的,责令停业整顿或者吊销期货业务许可证:①向客户作获利保证或者不按照规定向客户出示风险说明书的;②在经纪业务中与客户约定分享利益、共担风险的;③不按照规定接受客户委托或者不按照客户委托内容擅自进行期货交易的;④隐瞒重要事项或者使用其他不正当手段,诱骗客户发出交易指令的;⑤向客户提供虚假成交回报的;⑥未将客户交易指令下达到期货交易所的;⑦挪用客户保证金的;⑧不按照规定在期货保证金存管银行开立保证金账户,或者违规划转客户保证金的;⑨国务院期货监督管理机构规定的其他欺诈客户的行为。

6. 【答案】 BCD

【解析】《期货市场客户开户管理规定》第三十五条规定,期货公司、证券公司违反本规定的,中国证监会及其派出机构可以采取责令限期整改、监管谈话、出具警示函等监管措施;逾期未改正,其行为可能危及期货公司稳健运行、损害客户合法权益的,中国证监会及其派出机构可以责令期货公司、证券公司暂停开户或办理相关业务。

7. 【答案】 AB

【解析】《期货交易管理条例》第三十六条规定,会员在期货交易中违约的,期货交易所先以该会员的保证金承担违约责任;保证金不足的,期货交易所应当以风险准备金和自有资金代为承担违约责任,并由此取得对该会员的相应追偿权。

8. 【答案】 ABCD

【解析】《期货交易所管理办法》第十二条规定,期货交易所交易规则除应当载明选项A、B、C、D所列事项外,还应当载明期货交易信息的发布办法、交易纠纷的处理方式等事项。

9. 【答案】 BCD

【解析】《期货交易所管理办法》第十七条规定,期货交易所因下列情形之一解散:①章程规定的营业期限届满;②会员大会或者股东大会决定解散;③中国证监会决定关闭。

10. 【答案】 ABCD

【解析】《期货交易所管理办法》第二十条规定,会员大会行使下列职权:①审定期货交易所章程、交易规则及其修改草案;②选举和更换会员理事;③审议批准理事会和总经理的工作报告;④审议批准期货交易所的财务预算方案、决算报告;⑤审议期货交易所风险准备金使用情况;⑥决定增加或者减少期货交易所注册资本;⑦决定期货交易所的合并、分立、解散和清算事项;⑧决定期货交易所理事会提交的其他重大事项;⑨期货交易所章程规定的其他职权。

11. 【答案】 ABCD

【解析】《期货交易所管理办法》第九十九条规定，期货交易所的高级管理人员应当具备中国证监会要求的条件。未经中国证监会批准，期货交易所的理事长、副理事长、董事长、副董事长、监事会主席、监事会副主席、总经理、副总经理、董事会秘书不得在任何营利性组织中兼职。

12. 【答案】 ABCD

【解析】《期货公司监督管理办法》第十四条规定，期货公司申请金融期货经纪业务资格，应当具备下列条件：①申请目前2个月风险监管指标持续符合规定标准；②具有健全的公司治理、风险管理制度和内部控制制度，并有效执行；③符合中国证监会期货保证金安全存管监控的规定；④业务设施和技术系统符合相关技术规范且运行状况良好；⑤高级管理人员近2年内来受到刑事处罚，未因违法违规经营受到行政处罚，无不良信用记录，且不存在因涉嫌违法违规经营正在被有权机关调查的情形；⑥不存在被中国证监会及其派出机构采取《期货交易管理条例》第五十五条第二款、第五十六条规定的监管措施的情形；⑦不存在因涉嫌违法违规正在被有权机关立案调查的情形；⑧近2年内未因违法违规行为受过刑事处罚或者行政处罚。但期货公司控股股东或者实际控制人变更，高级管理人员变更比例超过50％，对出现上述情形自有责任的高级管理人员和业务负责人已不在公司任职，且已整改完成并经期货公司住所地中国证监会派出机构验收合格的，可不受此限制；⑨控股股东净资产或者个人金融资产不低于人民币3000万元；⑩中国证监会根据审慎监管原则规定的其他条件。

13. 【答案】 ABCD

【解析】《期货公司监督管理办法》第十五条规定，期货公司申请金融期货经纪业务资格，应当向中国证监会提交下列申请材料：①申请书；②加盖公司公章的营业执照和业务许可证复印件；③股东会或者董事会决议文件；④申请日前2个月风险监管报表；⑤公司治理、风险管理制度和内部控制制度执行情况报告；⑥业务设施和技术系统运行情况报告；⑦控股股东经具有证券、期货相关业务资格的会计师事务所审计的最近一期财务报告或者个人金融资产证明；⑧律师事务所出具的法律意见书；⑨若存在本办法第十四条第⑧项规定的情形的，还应提供期货公司住地中国证监会派出机构出具的整改验收合格意见书；⑩中国证监会规定的其他申请材料。

14. 【答案】 ABCD

【解析】《期货公司监督管理办法》第三十六条规定，期货公司与其控股股东、实际控制人在业务、人员、资产、财务等方面应当严格分开，独立经营，独立核算。

15. 【答案】 ABCD

【解析】《期货公司监督管理办法》第三十七条规定，期货公司的股东及实际控制人出现下列情形之一的，应当在3个工作日内通知期货公司：①所持有的期货公司股权被冻结、查封或者被强制执行；②质押所持有的期货公司股权；③决定转让所持有的期货公司股权；④不能正常行使股东权利或者承担股东义务，可能造成期货公司治理的重大缺陷；⑤涉嫌重大违法违规被有权机关调查或者采取强制措施；⑥因重大违法违规行为受到行政处罚或者刑事处罚；⑦变更名称；⑧合并、分立或者进行重大资产、债务重组；⑨被采取停业整顿、撤销、接管、托管等监管措施，或者进入解散、破产、关闭程序；⑩其他可能影响期货公司股权变更或者持续经营的情形。

16. 【答案】　ABC

【解析】《期货交易所管理办法》第一百零五条规定，中国证监会认为期货市场出现异常情况的，可以决定采取延迟开市、暂停交易、提前闭市等必要的风险处置措施。

17. 【答案】　CD

【解析】《期货公司董事、监事和高级管理人员任职资格管理办法》第十六条规定，具有从事期货业务10年以上经验或者曾担任金融机构部门负责人以上职务8年以上的人员，申请期货公司董事长、监事会主席、高级管理人员任职资格的，学历可以放宽至大学专科。

18. 【答案】　ABC

【解析】《期货从业人员管理办法》第十条规定，机构任用具有从业资格考试合格证明且符合下列条件的人员从事期货业务的，应当为其办理从业资格申请：①品行端正，具有良好的职业道德；②已被本机构聘用；③最近3年内未受过刑事处罚或者中国证监会等金融监管机构的行政处罚；④未被中国证监会等金融监管机构采取市场禁入措施，或者禁入期已经届满；⑤最近3年内未因违法违规行为被撤销证券、期货从业资格；⑥中国证监会规定的其他条件。

19. 【答案】　ABCD

【解析】《期货公司首席风险官管理规定（试行）》第十三条规定，首席风险官不得有下列行为：①擅离职守，无故不履行职责或者授权他人代为履行职责；②在期货公司兼任除合规部门负责人以外的其他职务，或者从事可能影响其独立履行职责的活动；③对期货公司经营管理中存在的违法违规行为或者重大风险隐患知情不报、拖延报告或者作虚假报告；④利用职务之便牟取私利；⑤滥用职权，干预期货公司正常经营；⑥向与履职无关的第三方泄露期货公司秘密或者客户信息，损害期货公司或者客户的合法权益；⑦其他损害客户和期货公司合法权益的行为。

20. 【答案】　ABC

【解析】《期货公司监督管理办法》第二十条规定，期货公司变更法定代表人，拟任法定代表人应当具备任职资格。期货公司应当向住所地中国证监会派出机构提交下列申请材料：①申请书；②关于变更法定代表人的决议文件；③拟任法定代表人任职资格证明；④中国证监会规定的其他材料。

21. 【答案】　CD

【解析】《期货公司监督管理办法》第四十八条规定，期货公司应当提供从业人员资格证明等资料供客户查阅，并在本公司网站和营业场所提示客户可以通过中国期货业协会网站查询。

22. 【答案】　ABCD

【解析】《期货从业人员执业行为准则（修订）》第二十条规定，期货从业人员在进行投资分析或者提出投资建议时，应当勤勉尽责、独立客观，投资分析及投资建议要有合理、充足的依据，要严格区分客观事实与主观判断，并对重要事实予以明示。

23. 【答案】　BCD

【解析】《最高人民法院关于审理期货纠纷案件若干问题的规定》第十三条规定，有下列情形之一的，应当认定期货经纪合同无效：①没有从事期货经纪业务的主体资格而从事期货经纪业务的；②不具备从事期货交易主体资格的客户从事期货交易的；③违反法律、法规禁止性规定的。

24．【答案】　ABCD

【解析】《关于建立金融期货投资者适当性制度的规定》第八条规定，自然人投资者应当全面评估自身的经济实力、产品认知能力、风险控制能力、生理及心理承受能力等，审慎决定是否参与金融期货交易。

25．【答案】　ABCD

【解析】《关于建立金融期货投资者适当性制度的规定》第十三条规定，从事中间介绍业务的证券公司接受期货公司委托，协助办理开户手续的，应当对投资者开户资料和身份真实性等进行审查，向投资者充分揭示金融期货交易风险，进行相关知识测试和风险评估，做好开户入金指导，严格执行投资者适当性制度。

26．【答案】　ABCD

【解析】《期货公司执行金融期货投资者适当性制度管理规则（修订）》第九条规定，对违反本规则的会员单位，经告诫仍不改正的，协会将视其情节轻重予以以下纪律惩戒：①批评；②协会内通报批评；③通过媒体公开谴责；④取消会员资格并公告。

27．【答案】　ABC

【解析】《期货公司董事、监事和高级管理人员任职资格管理办法》第二十七条规定，中国证监会或者其派出机构通过审核材料、考察谈话、调查从业经历等方式，对拟任人的能力、品行和资历进行审查。

28．【答案】　ABCD

【解析】《期货公司董事、监事和高级管理人员任职资格管理办法》第二十八条规定，申请人或者拟任人有下列情形之一的，中国证监会或者其派出机构可以作出终止审查的决定：①拟任人死亡或者丧失行为能力；②申请人依法解散；③申请人撤回申请材料；④申请人未在规定期限内针对反馈意见作出进一步说明、解释；⑤申请人或者拟任人因涉嫌违法违规行为被有权机关立案调查；⑥申请人被依法采取停业整顿、托管、接管、限制业务等监管措施；⑦申请人或者拟任人因涉嫌犯罪被司法机关立案侦查；⑧中国证监会认定的其他情形。

29．【答案】　ABC

【解析】《期货公司首席风险官管理规定（试行）》第二十九条规定，首席风险官有不履行职责行为的，中国证监会及其派出机构可以依照《期货公司董事、监事和高级管理人员任职资格管理办法》对首席风险官采取监管谈话、出具警示函、责令更换等监管措施；情节严重的，认定其为不适当人选。

30．【答案】　ABCD

【解析】《期货公司董事、监事和高级管理人员任职资格管理办法》第三十四条规定，期货公司董事、监事、财务负责人、营业部负责人离任的，其任职资格自离任之日起自动失效。有以下情形的，不受上述规定所限：①期货公司除董事长、监事会主席、独立董事以外的董事、监事，在同一期货公司内由董事改任监事或者由监事改任董事；②在同一期货公司内,董事长改任监事会主席,或者监事会主席改任董事长,或者董事长、监事会主席改任除独立董事之外的其他董事、监事;③在同一期货公司内,营业部负责人改任其他营业部负责人。

31. 【答案】 AC

【解析】《期货公司风险监管指标管理办法》第三十五条规定,资产、流动资产是指期货公司的自身资产,不含客户保证金;负债、流动负债是指期货公司的对外负债,不含客户权益。

32. 【答案】 ABCD

【解析】《期货交易管理条例》第六十条规定,期货公司涉及重大诉讼、仲裁,或者股权被冻结或者用于担保,以及发生其他重大事件时,期货公司及其相关股东、实际控制人应当自该事件发生之日起5日内向国务院期货监督管理机构提交书面报告。

33. 【答案】 BD

【解析】《期货交易管理条例》第四十一条规定,国有以及国有控股企业进行境内外期货交易,应当遵循套期保值的原则,严格遵守国务院国有资产监督管理机构以及其他有关部门关于企业以国有资产进入期货市场的有关规定。

34. 【答案】 ABCD

【解析】根据《期货交易管理条例》第六十四条的规定,选项A、B、C、D均符合题意。

35. 【答案】 AC

【解析】《期货公司期货投资咨询业务试行办法》第三条规定,期货公司从事期货投资咨询业务,应当经中国证监会批准取得期货投资咨询业务资格;期货公司从事期货投资咨询业务的人员应当取得期货投资咨询业务从业资格。

36. 【答案】 AB

【解析】《期货交易管理条例》第十七条规定,期货公司除申请经营境内期货经纪业务外,还可以申请经营境外期货经纪、期货投资咨询以及国务院期货监督管理机构规定的其他期货业务。期货公司不得从事与期货业务无关的活动,法律、行政法规或者国务院期货监督管理机构另有规定的除外期货公司不得从事或者变相从事期货自营业务。期货公司不得为其股东、实际控制人或者其他关联人提供融资,不得对外担保。

37. 【答案】 ABCD

【解析】根据《期货交易管理条例》第六十六条的规定,选项A、B、C、D均符合题意

38. 【答案】 ABCD

【解析】根据《期货交易管理条例》第六十七条的规定,选项A、B、C、D均符合题意。

39. 【答案】 BC

【解析】《期货交易管理条例》第六十九条规定,期货交易内幕信息的知情人或者非法获取期货交易内幕信息的人,在对期货交易价格有重大影响的信息尚未公开前,利用内幕信息从事期货交易,或者向他人泄露内幕信息,使他人利用内幕信息进行期货交易的,没收违法所得,并处违法所得1倍以上5倍以下的罚款;没有违法所得或者违法所得不满10万元

的，处 10 万元以上 50 万元以下的罚款。单位从事内幕交易的，还应当对直接负责的主管人员和其他直接责任人员给予警告，并处 3 万元以上 30 万元以下的罚款。

40.【答案】 ABC

【解析】《期货交易管理条例》第六十九条规定，国务院期货监督管理机构、期货交易所和期货保证金安全存管监控机构的工作人员进行内幕交易的，从重处罚。

三、判断题

1.【答案】 A

【解析】《期货交易管理条例》第十五条规定，设立期货公司，应当在公司登记机关登记注册，并经国务院期货监督管理机构批准。

2.【答案】 A

【解析】《期货交易管理条例》第十六条规定，国务院期货监督管理机构根据审慎监管原则和各项业务的风险程度，可以提高注册资本最低限额。

3.【答案】 B

【解析】《期货交易管理条例》第十七条规定，期货公司业务实行许可制度，由国务院期货监督管理机构按照其商品期货、金融期货业务种类颁发许可证。

4.【答案】 B

【解析】《期货投资者保障基金管理暂行办法》第八条规定，保障基金管理机构应当以保障基金名义设立资金专用账户，专户存储保障基金。

5.【答案】 B

【解析】《期货交易所管理办法》第十八条规定，期货交易所终止的，应当成立清算组进行清算。清算组制定的清算方案，应当报中国证监会批准。

6.【答案】 B

【解析】《期货交易所管理办法》第二十一条规定，在会员制期货交易所中，有 1/3 以上会员联名提议，应当召开临时会员大会。

7.【答案】 B

【解析】《期货交易所管理办法》第二十三条规定，会员大会有 2/3 以上会员参加方为有效，会员大会应当对表决事项制作会议纪要，由出席会议的理事签名。

8.【答案】 B

【解析】《期货交易所管理办法》第二十六条规定，理事会由会员理事和非会员理事组成；其中会员理事由会员大会选举产生，非会员理事由中国证监会委派。

9.【答案】 B

【解析】《期货交易所管理办法》第二十七条规定，会员制期货交易所理事长不得兼任总经理。

10.【答案】 A

【解析】《期货交易所管理办法》第二十八条规定，会员制期货交易所理事长因故临时不能履行职权的，由理事长指定的副理事长或者理事代其履行职权。

11.【答案】 B

【解析】《期货交易所管理办法》第三十条规定，会员制期货交易所理事会会议结束之日起10日内，理事会应当将会议决议及其他会议文件报告中国证监会。

12.【答案】 B

【解析】《期货公司董事、监事和高级管理人员任职资格管理办法》第十条规定，申请董事长和监事会主席的任职资格，应当具有从事期货业务3年以上经验，或者其他金融业务4年以上经验，或者法律、会计业务5年以上经验。

13.【答案】 A

【解析】《期货从业人员管理办法》第二十一条规定，中国期货业协会应当建立期货从业人员信息数据库，公示并且及时更新从业资格注册、诚信记录等信息。

14.【答案】 A

【解析】《期货公司首席风险官管理规定（试行）》第九条规定，首席风险官履行职责应当保持充分的独立性，作出独立、审慎、及时的判断，主动回避与本人有利害冲突的事项。

15.【答案】 B

【解析】《期货公司金融期货结算业务试行办法》第十二条规定，期货公司取得金融期货结算业务资格后，应当向期货交易所申请相应结算会员资格。

16.【答案】 B

【解析】《期货公司风险监管指标管理办法》第七条规定，净资本的计算公式为：净资本＝净资产－资产调整值＋负债调整值－客户未足额追加的保证金－／＋其他调整项。

17.【答案】 A

【解析】《证券公司为期货公司提供中间介绍业务试行办法》第十五条，证券公司与期货公司应当独立经营，保持财务、人员、经营场所等分开隔离。

18.【答案】 A

【解析】《期货从业人员执业行为准则（修订）》第十一条规定，期货从业人员不得以个人或者他人名义参与期货交易。

19.【答案】 B

【解析】《期货公司金融期货结算业务试行办法》第四十二条规定，全面结算会员期货公司与非结算会员签订、变更或者终止结算协议的，应当在签订、变更或者终止结算协议之日起3个工作日内向协议双方住所地的中国证监会派出机构、期货交易所和期货保证金安全存管监控机构报告。

20.【答案】 B

【解析】《期货从业人员执业行为准则》第三十八条规定，从业人员违反本准则，情节轻微，且没有造成严重后果的，予以训诫，训诫以训诫信的形式向个人发出。

四、综合题

1.【答案】 B

【解析】《期货交易所管理办法》第七十八条规定，期货交易所应当按照手续费收入的20%的比例提取风险准备金，风险准备金应当单独核算，专户存储。因此，该期货交易所应提取的风险准备金为 1000 万元。

2. 【答案】　C

【解析】《期货交易所管理办法》第七十三条规定，有价证券充抵保证金的金额不得高于以下标准中的较低值：①有价证券基准计算价值的80%；②会员在期货交易所专用结算账户中的实有货币资金的4倍。

3. 【答案】　A

【解析】《期货交易所管理办法》第七十二条规定，国债充抵保证金的，期货交易所以充抵日前一交易日该国债在上海证券交易所、深圳证券交易所较低的收盘价为基准计算价值。

4. 【答案】　AB

【解析】《最高人民法院关于审理期货纠纷案件若干问题的规定》第十六条规定，期货公司在与客户订立期货经纪合同时，未提示客户注意《期货交易风险说明书》内容，并由客户签订或者盖章，对于客户在交易中的损失，应当依据合同法第四十二条的规定承担相应的赔偿责任。但是，根据交易结果记载，证明客户已有交易经历的，应当免除期货公司的责任。

5. 【答案】　B

【解析】《期货投资者保障基金管理暂行办法》第二十条规定，期货投资者保障基金对每位个人投资者的保证金损失在10万元以下（含10万元）的部分全额补偿。因此，丙可以得到9万元的保障基金补偿。

6. 【答案】　B

【解析】《期货投资者保障基金管理暂行办法》第二十二条规定，对机构投资者以个人名义参与期货交易的，按照机构投资者补偿规则进行补偿。

7. 【答案】　ABCD

【解析】《期货交易所管理办法》第八十八条规定，在期货交易过程中出现以下情形之一的，期货交易所可以宣布进入异常情况，采取紧急措施化解风险：①地震、水灾、火灾等不可抗力或者计算机系统故障等不可归责于期货交易所的原因导致交易无法正常进行；②会员出现结算、交割危机，对市场正在产生或者即将产生重大影响；③出现同方向连续涨跌停板的情形经采取相应措施后仍未化解风险；④期货交易所交易规则及其实施细则中规定的其他情形。

8. 【答案】　AC

【解析】《期货交易管理条例》第六十六条规定，对于Z某可以给予警告，并处1万元以上5万元以下的罚款；情节严重的，暂停或者撤销期货从业人员资格。

9. 【答案】　C

【解析】《期货交易所管理办法》第三十五条规定，期货交易所任免中层管理人员，应当在决定之日起10日内向中国证监会报告。

10. 【答案】　AC

【解析】根据《最高人民法院关于审理期货纠纷案件若干问题的规定》的规定，对于吴某的损失，甲期货公司和王某应当承担赔偿责任。

11. 【答案】　A

【解析】《期货交易所管理办法》第八十六条规定，本题中除已经采取的应对措施外，上海期货交易所还可以调整涨跌停板幅度。在涨跌停板制度下，前一交易日结算价加上允许的最大涨幅构成当日价格上涨的上限，称为涨停板；前一交易日结算价减去允许的最大跌幅构成价格下跌的下限，称为跌停板。涨跌停板又称每日价格最大波动幅度限制。本题中上海期货交易所的铜期货价格已连续3日涨幅达到最大限度的4%，所以不可能在调整涨跌幅度的时候超过4%，否则意味着风险更大，故正确答案为A。

12. 【答案】　AB

【解析】《最高人民法院关于审理期货纠纷案件若干问题的规定》第三十三条和第三十四条规定，客户的交易保证金不足，期货公司履行了通知义务而客户未及时追加保证金，客户要求保留持仓并经书面协商一致的，对保留持仓期间造成的损失，由客户承担；穿仓造成的损失，由期货公司承担；期货公司允许客户开仓透支交易的，对透支交易造成的损失，由期货公司承担主要赔偿责任，赔偿额不超过损失的80%。

13. 【答案】　C

【解析】《期货投资者保障基金管理暂行办法》第二十条规定，对每位机构投资者的保证金损失在10万元以下（含10万元）的部分全额补偿，超过10万元的部分按80%补偿。在使用保障基金前，期货公司应当积极清理资产并变现处置，先以自有资金和变现资产弥补保证金缺口，仍不足弥补部分，才能申请使用保障基金。即：（1600－600－10）×80%＋10＝802（万元）。

14. 【答案】　D

【解析】《期货从业人员管理办法》第二十七条规定，期货从业人员受到机构处分，或者从事的期货业务行为涉嫌违法违规被调查处理的，机构应当在作出处分决定、知悉或者应当知悉该期货从业人员违法违规被调查调查处理事项之日起10日内向期货业协会报告。

15. 【答案】　A

【解析】《最高人民法院关于审理期货纠纷案件若干问题的规定》第五条和第七条规定，在期货公司的分公司、营业部等分支机构进行期货交易的，该分支机构住所地为合同履行地。期货纠纷案件由中级人民法院管辖。

16. 【答案】　ACD

【解析】《期货公司首席风险官管理规定（试行）》第六条规定，期货公司应当根据公司章程的规定依法提名并聘任首席风险官。期货公司设有独立董事的，还应当经全体独立董事同意。董事会选聘首席风险官，应当将其是否熟悉期货法律法规、是否诚信守法、是否具备胜任能力以及是否符合规定的任职条件作为主要判断标准。

17. 【答案】　AC

【解析】《最高人民法院关于审理期货纠纷案件若干问题的规定》第十五条规定，不具有主体资格的经营机构因从事期货经纪业务而导致期货经纪合同无效，该机构按客户的交易指令入市交易的，收取的佣金应当返还给客户，交易结果由客户承担。

18. 【答案】　AC

【解析】《最高人民法院关于审理期货纠纷案件若干问题的规定》第二十条规定，客户下达的交易指令没有品种、数量、买卖方向的，期货公司未予拒绝而进行交易造成客户的损失，由期货公司承担赔偿责任，客户予以追认的除外。

19. 【答案】 AD

【解析】《最高人民法院关于审理期货纠纷案件若干问题的规定》第二十二条规定，期货公司错误执行客户交易指令，除客户认可的以外，交易的后果由期货公司承担，交易价格超出客户指令价位范围的，交易差价损失或者交易结果由期货公司承担。

20. 【答案】 C

【解析】《期货公司风险监管指标管理试行办法》第十四条规定，客户保证金未足额追加的，期货公司应当相应调减净资本。

全国期货从业人员执业资格考试热题库

《期货法律法规》模拟试卷（二）

一、单项选择题（共 60 题，每小题 0.5 分，共 30 分）以下备选项中只有一项最符合题目要求，不选、错选均不得分。

1. 会员制期货交易所的注册资本划分为（　　），由会员出资认缴。
   A. 均等份额　　　　B. 不同份额　　　　C. 不同规模　　　　D. 各种份额
2. 期货交易所联网交易的，应当于决定之日起（　　）日内报告中国证监会。
   A. 5　　　　　　　B. 10　　　　　　　C. 15　　　　　　　D. 30
3. 期货交易所的所得收益不能用于（　　）。
   A. 装修期货交易大厅　　　　　　　　B. 引进先进的期货交易系统软件
   C. 进行期货投资　　　　　　　　　　D. 购置期货交易监控设备
4. 期货从业人员在进行投资分析或者提出投资建议时，应当勤勉尽责、（　　），投资分析及投资建议要有合理、充足的依据，要严格区分客观事实与主观判断，并对重要事实予以明示。
   A. 独立客观　　　　　　　　　　　　B. 理论与实践相结合
   C. 尊重客户意见　　　　　　　　　　D. 诚实守信
5. 期货公司的交易保证金不足，又未按（　　）追加保证金的，按交易规则的规定处理；规定不明确的，期货交易所有权就其未平仓的期货合约强行平仓，强行平仓所造成的损失，由期货公司承担。
   A. 7 个工作日内　　　　　　　　　　B. 48 小时内
   C. 24 小时内　　　　　　　　　　　　D. 期货交易所规定的时间
6. （　　）与违约竞合的期货纠纷案件，依当事人选择的诉由确定管辖。
   A. 侵权　　　　　　B. 违规　　　　　　C. 违法　　　　　　D. 委托
7. 证券公司从事介绍业务，应当依照规定取得（　　），审慎经营，并对通过其营业部开展的介绍业务实行统一管理。
   A. 介绍业务资格　　　　　　　　　　B. 证监会的书面授权
   C. 期货业协会的授权文件　　　　　　D. 期货经纪业务资格
8. 根据《证券公司为期货公司提供中间介绍业务试行办法》的规定，证券公司申请介绍业务，应该向（　　）提交申请材料。
   A. 中国期货业协会　　　　　　　　　B. 中国人民银行
   C. 中国证监会　　　　　　　　　　　D. 中国证券业协会
9. 申请设立期货公司，持有 5% 以上股权的个人股东为法人或者其他组织的，其个人金融资产不低于人民币（　　）万元。

A. 1000　　　　　B. 3000　　　　　C. 6000　　　　　D. 10000

10. （　　）负责期货投资者保障基金业务监管，对保障基金的筹集、管理和使用等情况进行定期核查。
   A. 中国证监会　　　　　　　　　　B. 财政部
   C. 期货交易所　　　　　　　　　　D. 期货公司保证金监控中心

11. 期货公司保留有相应责任人员签字和公司印章的书面风险监管报表的时间不得少于（　　）年。
   A. 2　　　　　　B. 3　　　　　　C. 4　　　　　　D. 5

12. 客户下达的交易指令没有品种、数量、买卖方向的，期货公司未予拒绝而进行交易造成客户的损失，由（　　）。
   A. 期货公司承担赔偿责任，客户予以追认的除外
   B. 客户自己承担
   C. 期货公司与客户平均分担
   D. 期货公司与客户自行协商

13. 下列关于期货交易所向会员收取保证金的陈述，错误的是（　　）。
   A. 专户存储不得挪用
   B. 可以接受规定的有价证券作为保证金
   C. 保证金分为结算准备金和结算担保金
   D. 只能用于担保期货合约的履行

14. 公司制期货交易所收购本期货交易所股份、股东转让所持股份或者对其股份进行其他处置，应当经（　　）批准。
   A. 国务院　　　B. 中国证监会　　　C. 期货业协会　　　D. 理事会

15. 下列关于期货投资者保障基金的说法，不正确的是（　　）。
   A. 期货投资者保障基金应当独立核算，分别管理
   B. 期货投资者保障基金管理机构可以管理非期货投资者保障基金的其他资产
   C. 期货投资者保障基金管理机构可以将保障基金用于国债投资
   D. 中国证监会和财政部负责期货投资者保障基金筹集、管理、使用报告的编报

16. 期货公司涉及重大诉讼时，期货公司及其相关股东、实际控制人应当自该事件发生之日起（　　）。
   A. 5 日内知会国务院期货监督管理机构
   B. 5 日内向国务院期货监督管理机构提交书面报告
   C. 10 日内知会国务院期货监督管理机构
   D. 10 日内向国务院期货监督管理机构提交书面报告

17. 期货公司和为期货公司提供中间介绍业务的证券公司应当根据交易所统一编制的试卷对投资者进行测试。测试试卷及答案通过（　　）的系统统一下发至期货公司会员。
   A. 中国证监会　　　　　　　　　　B. 中国金融期货交易所
   C. 中国期货业协会　　　　　　　　D. 中国登记结算公司

18. 客户在期货交易中违约造成保证金不足的,期货公司应当以( )垫付。
    A. 其他客户资金和自有资金   B. 自有资金
    C. 风险准备金和其他客户资金   D. 风险准备金和自有资金

19. 下列行为,没有违反《期货公司首席风险官管理规定(试行)》的是( )。
    A. 干预期货公司正常经营
    B. 拖延报告期货公司经营管理中存在的重大风险事件
    C. 兼任期货公司营业部门负责人
    D. 向期货公司住所地中国证监会派出机构报告公司侵害客户的事件

20. 交割仓库有《期货交易管理条例》第三十五条第二款所列行为之一的,责令改正,给予警告,没收违法所得,并处违法所得1倍以上5倍以下的罚款;没有违法所得或者违法所得不满10万元的,并处10万元以上50万元以下的罚款;情节严重的,责令期货交易所暂停或者取消其交割仓库资格。对直接负责的主管人员和其他直接责任人员给予警告,并处( )的罚款。
    A. 20万元以上100万元以下   B. 10万元以上50万元以下
    C. 50万元以上500万元以下   D. 1万元以上10万元以下

21. 自被中国证监会及其派出机构认定为首席风险官不适当人选之日起( )年内,任何期货公司不得任用该人员担任董事、监事和高级管理人员。
    A. 1   B. 2   C. 3   D. 4

22. ( )对期货公司执行投资者适当性制度的情况进行核查验证:
    A. 中国银监会   B. 期货业协会
    C. 中国证监会及其派出机构   D. 监控中心

23. 期货从业人员与投资者或所在机构发生纠纷而无法自行合理解决的,可以按照规定的程序,提请( )进行调解。
    A. 中国证监会   B. 中国期货业协会
    C. 仲裁委员会   D. 当地人民法院

24. 下列关于期货投资者发生保证金损失时弥补方法的说法,不正确的是( )。
    A. 先由期货投资者保障基金弥补保证金缺口
    B. 先以期货公司自有资金和变现资产弥补保证金缺口
    C. 中国证监会和期货投资者保障基金管理机构应当监督期货公司核实投资者保证金权益及损失
    D. 在使用保障基金前,期货公司应当清理资产并变现处置

25. 期货公司( )限制、阻挠首席风险官正常开展工作的,首席风险官可以向中国证监会派出机构报告,中国证监会派出机构依法进行调查和处理。
    A. 期货公司董事   B. 期货公司监事
    C. 期货公司董事会   D. 股东、董事和经理层

26. 中国证监会认定存在较高风险的期货公司应当( )向期货投资者保障基金管理机构提供财务监管报表。
    A. 每日   B. 每月   C. 每季度   D. 每年

27. 人民法院审理期货合同纠纷案件,应当严格按照（   ）确定违约方承担的责任,当事人的约定违反法律、行政法规强制性规定的除外。
    A. 合同法
    B. 民事诉讼法
    C. 经济法
    D. 当事人在合同中的约定

28. 人民法院在办理案件过程中,依法需要通过期货交易所、期货公司查询、冻结、划拨资金或者有价证券的,期货交易所、期货公司应当予以协助。应当协助而拒不协助的,按照（   ）之规定办理。
    A. 《中华人民共和国民事诉讼法》第一百零三条
    B. 《中华人民共和国行政法》
    C. 《关于执行若干问题的规定》
    D. 《中华人民共和国民事诉讼法》第一百零二条

29. 申请人或者拟任人隐瞒有关情况或者提供虚假材料申请任职资格的,中国证监会及其派出机构不予受理或者不予行政许可,并（   ）。
    A. 依法予以警告
    B. 予以警告,并处以3万元以下罚款
    C. 要求期货公司解聘该人员
    D. 情节严重的,暂停或者撤销任职资格

30. 期货公司任用董事长、总经理等高级管理人员需要报告（   ）。
    A. 中国期货业协会
    B. 中国证监会相关派出机构
    C. 期货交易所
    D. 中国银监会

31. 公司制期货交易所独立董事由中国证监会提名,（   ）通过。
    A. 会员大会
    B. 理事会
    C. 董事会
    D. 股东大会

32. （   ）可以根据期货交易所业务规模、发展计划以及潜在风险决定风险准备金的规模。
    A. 期货交易所会员大会或股东大会
    B. 期货交易所理事会或董事会
    C. 中国保监会
    D. 中国证监会

33. 期货投资者保障基金的筹集、管理和使用的具体办法,由（   ）制定。
    A. 国务院期货监督管理机构
    B. 国务院期货监督管理机构会同国务院财政部门
    C. 国务院期货监督管理机构会同人民银行
    D. 国务院期货监督管理机构会同中国期货业协会

34. 首席风险官应当在每季度结束之日起（   ）工作日内向公司住所地中国证监会派出机构提交季度工作报告;每年（   ）前向公司住所地中国证监会派出机构提交上一年度全面工作报告。
    A. 10个;1月31日
    B. 20个;1月20日
    C. 10个;1月20日
    D. 20个;1月31日

35. 公民、法人受期货公司或者客户的委托,作为居间人为其提供订约的机会或者订立期货经纪合同的中介服务的,期货公司或者客户应当按照约定向居间人支付报酬。（   ）应当独立承担基于居间经纪关系所产生的民事责任。
    A. 期货公司
    B. 居间人
    C. 期货业协会
    D. 客户

36. 证券公司对客户未充分揭示期货交易风险,进行虚假宣传,误导客户,责令改正,给予警告,没收违法所得,并处违法所得1倍以上( )倍以下的罚款。
    A. 1   B. 2   C. 3   D. 6

37. 持有期货公司5%以上股权的股东、实际控制人或者其他关联人在期货公司从事期货交易的,期货公司应当自开户之日起( )个工作日内向住所地中国证监会派出机构报告开户情况,并定期报告交易情况。
    A. 1   B. 3   C. 5   D. 10

38. 下列关于期货交易基本规则的表述,错误的是( )。
    A. 客户可以通过电话向期货公司下达交易指令
    B. 在期货交易所进行期货交易的,应当是客户
    C. 客户的交易指令应当明确、全面
    D. 期货公司不得使用不正当手段诱骗客户发出交易指令

39. 期货交易所应当按照国家有关规定及时缴纳期货市场( )。
    A. 管理费   B. 教育费   C. 监管费   D. 交易费

40. 期货公司应当完善客户( )机制,明确承担此项职责的部门和岗位,负责处理投资者参与金融期货交易所产生的投诉等事项,及时化解相关矛盾纠纷。
    A. 合法合规性   B. 客观性   C. 公平性   D. 纠纷处理

41. 根据《期货从业人员管理办法》,通过从业资格考试的人员将取得( )颁发的从业资格考试证明。
    A. 中国证监会   B. 中国期货业协会
    C. 中国证券业协会   D. 各期货公司

42. 期货公司申请变更业务范围,国务院期货监督管理机构应当自受理申请之日起( )内做出批准或者不批准的决定。
    A. 40日   B. 30日   C. 3个月   D. 2个月

43. 期货交易所实行( )。
    A. 风险防范制度   B. 风险最小化制度
    C. 风险警示制度   D. 风险管理制度

44. ( )应当建立期货从业人员信息数据库,公示并且及时更新从业资格注册、诚信记录等信息。
    A. 中国证监会   B. 中国证监会及其派出机构
    C. 中国期货业协会   D. 商务部

45. 首席风险官不履行职责的,中国证监会及其派出机构可以依照( )对首席风险官采取监管谈话、出具警示函、责令更换等监管措施。情节严重的,认定其为不适当人选。
    A. 《期货公司董事、监事和高级管理人员任职资格管理办法》
    B. 《期货交易管理条例》
    C. 《期货公司管理办法》
    D. 《期货公司风险监管指标管理试行办法》

46. 期货交易所、非期货公司结算会员违反规定收取手续费的，应当（　　）。
    A. 给予多收取手续费10倍的罚款 B. 责令双倍退还多收取的手续费
    C. 责令退还多收取的手续费   D. 责令将多收取的手续费上缴国库

47. 根据《证券公司为期货公司提供中间介绍业务试行办法》，中国证监会自受理证券公司申请介绍业务的申请材料之日起（　　）个工作日内作出批准与含的决定。
    A. 5   B. 10   C. 15   D. 20

48. 根据《期货公司风险监管指标管理办法》，期货公司风险监管指标达到预警标准的，期货公司应当于当日向公司住所地中国证监会派出机构书面报告，还应当向公司（　　）书面报告。
    A. 全体股东   B. 全体董事
    C. 全体董事和全体股东   D. 总经理

49. 期货公司董事长、总经理、首席风险官在失踪、死亡、丧失行为能力等特殊情形下不能履行职责的，期货公司可以按照公司章程等规定临时决定由符合相应任职资格条件的人员代为履行职责，代为履行职责的时间不得超过（　　）个月。
    A. 3   B. 6   C. 9   D. 12

50. 因期货经纪合同无效给客户造成经济损失的，下列关于责任承担方式的说法，正确的是（　　）。
    A. 根据无效行为与损失之间的因果关系确定责任的承担
    B. 根据期货公司和客户的约定承担责任
    C. 应当由期货公司承担责任
    D. 应当由期货公司和客户承担同等责任

51. 期货交易所允许期货公司开仓透支交易的，对透支交易造成的损失，南期货交易所承担主要赔偿责任，赔偿额（　　）。
    A. 不超过损失的20%   B. 不超过损失的30%
    C. 不超过损失的40%   D. 不超过损失的60%

52. 取得从业资格考试合格证明的人员从事期货业务的，应当（　　）申请从业资格。
    A. 向其所在机构   B. 向中国证监会及其派出机构
    C. 直接向协会   D. 事先通过其所在机构向协会

53. 会员在期货交易中违约并出现保证金不足时，实行会员分级结算制度的期货交易所应当以（　　）的顺序来承担风险。
    A. 结算担保金、违约会员的自有资金、期货交易所风险准备金和期货交易所自有资金
    B. 违约会员的自有资金、结算担保金、期货交易所风险准备金和期货交易所自有资金
    C. 违约会员的自有资金、期货交易所风险准备金和期货交易所自有资金
    D. 违约会员的自有资金、期货交易所自有资金和期货交易所风险准备金

54. 人民法院审理期货纠纷案件，应依法保护当事人合法权益，确定其承担的（　　）责任，维护市场秩序。

A. 故意　　　　　B. 过失　　　　　C. 风险　　　　　D. 市场

55. 期货业协会工作人员不按规定履行职责，徇私舞弊、玩忽职守或者故意刁难有关当事人的，协会应当给予（　　）处分。
    A. 刑事　　　　　B. 纪律　　　　　C. 民事　　　　　D. 行政

56. 全面结算会员期货公司应当按照期货交易所的规定，建立并执行对非结算会员的（　　）。
    A. 交易期制度　　B. 持仓制度　　　C. 限仓制度　　　D. 保证金制度

57. 经过整改，风险监管指标符合规定标准的，期货公司应当向（　　）报告。
    A. 公司所在地中国证监会派出机构　　B. 中国证监会
    C. 期货交易所　　　　　　　　　　　D. 期货业协会

58. 申请财务负责人任职资格所需提交的申请材料不包括（　　）。
    A. 申请书　　　　　　　　　　　　　B. 任职资格申请表
    C. 期货从业人员资格证书　　　　　　D. 2名推荐人的书面推荐意见

59. 期货投资者保障基金的规模、缴纳比例和缴纳方式，由（　　）根据期货市场发展状况、市场风险水平等情况调整确定。
    A. 财政部　　　　　　　　　　　　　B. 中国证监会
    C. 期货交易所　　　　　　　　　　　D. 期货公司保证金监控中心

60. 全面结算会员期货公司与非结算会员签订、变更或者终止结算协议的，应当在签订、变更或者终止结算协议之日起（　　）个工作日内向协议双方住所地的中国证监会派出机构、期货交易所和期货保证安全存管监控机构报告。
    A. 1　　　　　　　B. 3　　　　　　C. 5　　　　　　D. 10

二、多项选择题（共40题，每小题1分，共40分）以下备选项中有两项或两项以上符合题目要求，多选、少选、错选均不得分。

1. 期货公司应当按照《期货公司资产管理业务试点办法》和期货公司信息公示有关要求，在中期协网站上对（　　）等基本情况进行公示。
   A. 期货公司盈利情况　　　　　　　　B. 投资方向
   C. 风险特征　　　　　　　　　　　　D. 资产管理业务试点资格

2. 期货交易所除履行《期货交易管理条例》规定的职责外，还应当履行的职责包括（　　）。
   A. 制定并实施期货交易所的交易规则及其实施细则
   B. 发布市场信息
   C. 监管会员及其客户、指定交割仓库、期货保证金存管银行及期货市场其他参与者的期货业务
   D. 查处违规行为

3. 明知是毒品犯罪、黑社会性质的组织犯罪、恐怖活动犯罪、走私犯罪、贪污贿赂犯罪、破坏金融管理秩序犯罪、金融诈骗犯罪的所得及其产生的收益，为掩饰、隐藏其来源和性质，有（　　）行为的，构成洗钱罪、

A. 提供资金账户的

B. 协助将财产转换为现金、金融票据、有价证券的

C. 通过转账或者其他结算方式协助资金转移的

D. 协助将资金汇往境外的

4. 下列（　　）情形下，期货公司董事会可以免除首席风险官的职务。

A. 擅离职守，无故不履行职责或者授权他人代为履行职责

B. 对期货公司经营管理中存在的违法违规行为或者重大风险隐患知情不报、拖延报告或者作虚假报告

C. 在期货公司兼任除合规部门负责人以外的其他职务，或者从事可能影响其独立履行职责的活动

D. 利用职务之便牟取私利

5. 期货公司董事会拟免除首席风险官职务的，应当提前通知本人，并按规定将（　　）的书面报告公司住所地中国证监会派出机构。

A. 免职理由　　　　　　　　　　B. 首席风险官履行职责情况

C. 替代人选名单　　　　　　　　D. 发现重大风险事件的情况

6. 期货交易所工作工员不得（　　）。

A. 从事期货交易　　　　　　　　B. 泄露内幕消息

C. 从期货交易所会员处谋取利益　　D. 购买上市公司股票

7. 下列应遵守《期货从业人员管理办法》的人员包括（　　）。

A. 申请期货从业人员资格

B. 从事期货经营业务的机构任用期货从业人员

C. 期货从业人员从事期货业务

D. 期货从业人员从事非期货业务

8. 非结算会员下达的交易指令进入期货交易所后，期货交易所应当及时将（　　）反馈给全面结算会员期货公司和非结算会员。

A. 委托回报　　B. 佣金水平　　C. 成交结果　　D. 成交时间

9. 期货公司的交易软件、结算软件供应商有下列（　　）行为的，责令改正，处3万元以上10万元以下的罚款。对直接负责的主管人员和其他直接责任人员给予警告，并处1万元以上5万元以下的罚款。

A. 拒不配合国务院期货监督管理机构调查

B. 未按照规定向国务院期货监督管理机构提供相关软件资料

C. 提供的软件资料有虚假、重大遗漏

D. 以上都不是

10. 首席风险官应当对期货公司经营管理中可能发生的违规事项和可能存在的风险隐患进行质询和调查，并重点检查期货公司是否依据法律、行政法规及有关规定，建立健全和有效执行（　　）制度。

A. 期货公司客户保证金安全存管制度　　B. 期货公司风险监管指标管理制度

C. 期货公司治理和内部控制制度　　　　D. 期货公司员工近亲属持仓报告制度

11. 期货公司有下列（　　）欺诈客户行为之一的，责令改正，给予警告，没收违法所得，并处违法所得1倍以上5倍以下的罚款；没有违法所得或者违法所得不满10万元的，并处10万元以上50万元以下的罚款；情节严重的，责令停业整顿或者吊销期货业务许可证。
    A. 向客户作获利保证或者不按照规定向客户出示风险说明书的
    B. 在经纪业务中与客户约定分享利益、共担风险的
    C. 不按照规定接受客户委托或者不按照客户委托内容擅自进行期货交易的
    D. 隐瞒重要事项或者使用其他不正当手段，诱骗客户发出交易指令的
12. 下列关于期货交易所终止的说法，正确的有（　　）。
    A. 期货交易所因合并而终止的，由合并后的交易所予以公告
    B. 期货交易所因分立而终止的，由分立前的交易所予以公告
    C. 期货交易所因解散而终止的，由中国证监会予以公告
    D. 期货交易所终止后，清算组制订的清算方案，应当报中国证监会批准
13. 期货从业人员不得疏忽履行应承担的义务有（　　）。
    A. 期货业人应当严格按照有关期货业务规定办理相关期货业务
    B. 期货从业人应当及时告知投资者有关期货业务的情况，对投资者了解交易情况等合理的要求，应当在其职责范围内尽快给予答复
    C. 期货从业人员应当在法律法规及公司制度规定范围内根据客户授权进行期货业务
    D. 期货从业人员在向投资者提供服务时应当公平地对待投资者
14. 资产管理业务的投资范围包括（　　）。
    A. 期货、期权　　　　　　　　　B. 股票、债券、证券投资基金
    C. 集合资产管理计划　　　　　　D. 央行票据、短期融资券
15. 结算会员由（　　）组成。
    A. 交易结算会员　B. 全面结算会员　C. 期货公司会员　D. 特别结算会员
16. 下列说法正确的有（　　）。
    A. 期货公司风险监管指标符合规定标准的，中国证监会派出机构应当自验收合格之日起5个工作日内解除对期货公司采取的有关措施
    B. 期货公司风险监管指标符合规定标准的，中国证监会派出机构应当自验收合格之日起3个工作日内解除对期货公司采取的有关措施
    C. 重大业务是指可能导致期货公司净资本等风险监管指标发生10%以上变化的业务
    D. 重大业务是指可能导致期货公司净资本等风险监管指标发生5%以上变化的业务
17. 可由期货公司住所地的中国证监会派出机构依法核准任取资格的人员是（　　）。
    A. 财务负责人　　　　　　　　　B. 期货公司董事长
    C. 期货公司监事会主席　　　　　D. 除期货公司监事会主席外的监事
18. 期货交易所按交易规则及其实施细则规定的程序，对会员或者客户采取下列（　　）措施的，应当在采取措施后及时报告中国证监会。

A. 限制开仓 B. 提高保证金标准
C. 限期平仓 D. 强行平仓

19. 期货公司有下列（　　）行为之一的，责令改正，给予警告，没收违法所得，并处违法所得1倍以上3倍以下的罚款；没有违法所得或者违法所得不满10万元的，并处10万元以上30万元以下的罚款；情节严重的，责令停业整顿或者吊销期货业务许可证。

    A. 接受符合规定条件的单位或者个人委托的
    B. 允许客户在保证金不足的情况下进行期货交易的
    C. 违反规定从事与期货业务无关的活动的
    D. 从事或者变相从事期货自营业务的

20. 下列关于期货公司董事、监事和高级管理人员在任职期间出现的情形中，中国证监会及其派出机构可以认定任职人员不适当的有（　　）。

    A. 向中国证监会提供虚假信息或者隐瞒重大事项，造成严重后果
    B. 拒绝配合中国证监会依法履行监管职责，造成严重后果
    C. 1年内累计3次被中国证监会及其派出机构进行监管谈话
    D. 累计3次被行业自律组织纪律处分

21. 期货公司变更住所，应当妥善处理客户的资产，拟迁入的住所和拟使用的设施应当符合期货业务的需要。期货公司在中国证监会不同派出机构辖区变更住所的，还应当符合下列（　　）条件。

    A. 符合持续性经营规则
    B. 近2年内无重大违法违规行为受到行政处罚或刑事处罚
    C. 中国证监会根据审慎监管原则规定的其他条件
    D. 近1年内无重大违法违规经营记录，未发生重大风险事件

22. 首席风险官应当向（　　）报告公司经营管理行为的合法合规性和风险管理状况。

    A. 中国期货业协会 B. 期货公司总经理
    C. 董事会 D. 公司住所地中国证监会派出机构

23. 下列说法正确的有（　　）。

    A. 期货公司未按期报送风险监管报表或者报送的风险监管报表存在虚假记载、误导性陈述或者重大遗漏的，中国证监会派出机构应当要求期货公司限期报送或者补充更正
    B. 期货公司未按期报送风险监管报表或者报送的风险监管报表存在虚假记载、误导性陈述或者重大遗漏的，中国证监会应当要求期货公司限期报送或者补充更正
    C. 期货公司未按期报送风险监管报表或者报送的风险监管报表存在虚假记载、误导性陈述或者重大遗漏的，期货交易所应当要求期货公司限期报送或者补充更正
    D. 期货公司未在限期内报送或者补充更正的，公司住所地中国证监会派出机构应当对公司进行现场检查，发现期货公司违反企业会计准则和本办法有关规定的，

可以认定风险监管指标不符合规定标准

24. 客户可以通过（　　）等委托方式下达交易指令。
    A. 计算机　　　　B. 互联网　　　　C. 书面　　　　D. 电话

25. 证券公司介绍其控股股东、实际控制人等开户的，应该采取（　　）步骤。
    A. 证券公司应当将其期货账户信息报所在地中国证监会派出机构备案
    B. 按照中国证监会的规定履行信息披露义务
    C. 证券公司应当将其期货账户信息报所在地期货业协会派出机构备案
    D. 按照中国金融期货交易所的规定履行信息披露义务

26. 期货交易所、非期货公司结算会员有（　　）等行为的，责令改正，给予警告，没收违法所得。
    A. 违规收取手续费　　　　　　　　B. 违规使用收益
    C. 限制会员实物交割总量　　　　　D. 任用不具备资格的期货从业人员

27. 除下列（　　）情形外，全面结算会员期货公司不得划转非结算会员保证金。
    A. 依据非结算会员的要求支付可用资金
    B. 收取非结算会员应当交存的保证金
    C. 收取非结算会员应当支付的手续费、税款及其他费用
    D. 双方约定且不违反法律、行政法规规定的其他情形

28. 期货交易所总经理的职权包括（　　）。
    A. 主持期货交易所的日常工作
    B. 决定结算担保金的使用
    C. 拟订风险准备金的使用方案
    D. 拟订期货交易所合并、分市、解散和清算的方案

29. 出现（　　）等情况，经中国证监会、财政部批准，期货交易所、期货公司可以暂停缴纳保障基金。
    A. 保障基金总额达到8亿元人民币
    B. 保障基金总额达到5亿元人民币
    C. 期货交易所、期货公司遭受不可抗力
    D. 期货交易所、期货公司遭受重大突发市场风险

30. 期货公司（　　）。
    A. 依照《中华人民共和国公司法》设立
    B. 依照《期货交易管理条例》设立
    C. 经营期货经纪业务
    D. 经营期货自营业务

31. 会员单位在开户时，应当向投资者充分揭示金融期货风险，全面客观介绍金融期货（　　）。
    A. 法律法规　　　B. 业务规则　　　C. 风险种类　　　D. 产品特征

32. 期货交易所履行职责引起的商事案件是指（　　）。
    A. 期货交易所会员及其相关人员、保证金存管银行及其相关人员、客户、其他期

货市场参与者，以期货交易所违反法律法规以及国务院期货监督管理机构的规定，履行监督管理职责不当，造成其损害为由提起的商事诉讼案件

B. 期货交易所会员及其相关人员、保证金存管银行及其相关人员、客户、其他期货市场参与者，以期货交易所违反其章程、交易规则、实施细则的规定以及业务协议的约定，履行监督管理职责不当，造成其损害为由提起的商事诉讼案件

C. 期货交易所因履行职责引起的其他商事诉讼案件

D. 以上都是

33. 客户下达的交易指令没有（　　）的，期货公司未予拒绝而进行交易造成客户的损失，由期货公司承担赔偿责任，客户予以追认的除外。
A. 品种　　　　　B. 数量　　　　　C. 买卖方向　　　　　D. 价格

34. 研究分析报告应当制作形成适当的书面或者电子文本形式，载明（　　）等内容。
A. 期货公司名称及其业务资格　　　B. 研究分析人员姓名
C. 研究分析人员从业证号　　　　　D. 制作日期

35. 下列说法正确的是（　　）。
A. 期货交易所、期货公司故意提供虚假信息误导客户下单的，由此造成客户的经济损失由期货交易所、期货公司承担
B. 期货公司私下对冲、与客户对赌等不将客户指令入市交易的行为，应当认定为无效，期货公司应当赔偿由此给客户造成的经济损失
C. 期货公司擅自以客户的名义进行交易，客户对交易结果不予追认的，所造成的损失由期货公司承担
D. 期货公司挪用客户保证金，或者违反有关规定划转客户保证金造成客户损失的，应当承担赔偿责任

36. 中国期货保证金监控中心有限责任公司具体实施客户开户管理工作时应为期货公司办理（　　）。
A. 客户申请各期货交易所交易编码　　B. 修改与交易编码相关的客户资料
C. 客户注销各期货交易所交易编码　　D. 客户在各期货交易所的席位申请

37. 下列属于期货交易制度的有（　　）。
A. 限仓制度　　　　　　　　　　　B. 套期保值审批制度
C. 当日无负债结算制度　　　　　　D. 大户持仓报告制度

38. 根据《期货公司金融期货结算业务试行办法》，下列属于期货公司申请金融期货结算业务资格所应具备的条件有（　　）。
A. 取得金融期货经纪业务资格
B. 具有从事金融期货结算业务的详细计划
C. 具有满足金融期货结算业务需要的期货从业人员
D. 不存在因涉嫌违法违规经营正在被行政、司法机关立案调查的情形

39. 期货公司及其从业人员从事资产管理业务，禁止的行为有（　　）。
A. 占用、挪用客户委托资产
B. 以获取佣金或者其他利益为目的，使用客户资产进行不必要的交易

C. 接受客户委托的初始资产低于中国证监会规定的最低限额
D. 以转移资产管理账户收益或者亏损为目的，在不同账户之间进行买卖，损害客户利益

40. 董事会选聘首席风险官，应当将（　　）作为主要判断标准。
A. 是否熟悉期货法律法规　　B. 是否诚信守法
C. 是否具备胜任能力　　D. 是否符合规定的任职条件

三、判断题（共20题，每小题0.5分，共10分）正确的选A，错误的选B。不选、错选均不得分。

1. 计算期货公司风险监管指标时，期货公司持有的金融资产按照分类和流动性情况采取不同比例进行风险调整，分类中同时符合两个或者两个以上的标准的，应当采用最低的比例进行风险调整。（　　）
2. 会员单位不得为不符合投资者适当性标准的投资者申请金融期货交易编码。（　　）
3. 全面结算会员期货公司应当按照中国证监会、期货交易所的规定，建立对非结算会员的保证金管理制度。（　　）
4. 期货从业人员受到训诫、公开谴责和暂停从业资格的纪律惩戒的，应当参加协会组织的专项后续职业培训。（　　）
5. 期货公司申请金融期货结算业务资格，应当向中国证监会提交金融期货结算业务资格申请书。（　　）
6. 期货公司应当及时将投资者适当性制度实施方案及相关制度报公司所在地中国证监会派出机构备案。（　　）
7. 中国期货业协会及其派出机构依法对期货公司从事金融期货结算业务实行监督管理。（　　）
8. 投资者金融期货仿真交易经历是指以该投资者身份参与金融期货仿真交易，且至前一交易日日终具有至少20个交易日、10笔以上的成交记录。（　　）
9. 《（期货经纪合同）指引》和《期货交易风险说明书》由中国证监会制定。（　　）
10. 期货公司可以将客户未注销的资金账户、交易编码暂借给他人使用。（　　）
11. 期货业协会应当组织期货从业人员后续职业培训，提高期货从业人员的职业道德和专业素质。（　　）
12. 期货公司计算净资本时，不可以将"期货风险准备金"等有助于增强抗风险能力的负债项目加回。（　　）
13. 期货公司申请对客户姓名或者名称、客户有效身份证明文件号码、客户期货结算账户户名之外的客户资料进行修改的，应当指明修改申请拟提交的期货交易所，监控中心对修改后客户资料内容的完整性、格式正确性进行复核，并将通过复核的申请转发相关期货交易所。（　　）
14. 中金所、中期协对期货公司执行投资者适当性制度的情况进行自律管理。（　　）
15. 会员制期货交易所的权力机构是理事会。（　　）
16. 全面结算会员期货公司应当建立并执行当日无负债结算制度。（　　）

17. 动用期货投资者保障基金对期货投资者的保证金损失进行补偿时，对机构投资者以个人名义参与期货交易的，按照个人名义补偿规则进行补偿。（   ）

18. 非结算会员的客户申请或者注销其交易编码的，由结算会员按照期货交易所的规定办理。（   ）

19. 标准仓单是指交割仓库开具并经期货交易所认定的标准化提货凭证。（   ）

20. 期货公司董事、监事和高级管理人员的近亲属在期货公司从事期货交易的，有关董事、监事和高级管理人员应当遵循回避原则。（   ）

四、综合题（共20题，每小题1分，共20分）以下备选项中有一项或多项符合题目要求，不选、错选均不得分。

1. A期货公司准备从事投资咨询业务，在准备提交的申请材料中，准备了期货投资咨询业务资格申请书，股东会关于申请期货投资咨询业务的决议文件等一系列材料。A期货公司提交期货公司风险监管报表时应该是申请日前（   ）个月的。
   A. 3   B. 5   C. 6   D. 9

2. 2015年刘某在A期货公司营业部开户并存入5000万元准备进行棉花期货交易。由于某些原因刘某一直没有交易，营业部经理李某擅自利用这些资金以自己名义买进了多手期货合约。此时，李某违法规定的行为有（   ）。
   A. 挪用客户保证金   B. 违规划转客户保证金
   C. 收取保证金不入账   D. 不按照规定接受客户委托

3. 假设A证券公司想要申请为期货公司提供中间介绍业务资格，应当符合（   ）。
   A. 申请日前3个月各项风险控制指标符合规定标准
   B. 已按规定建立客户交易结算资金第三方存管制度
   C. 已按规定建立健全与介绍业务相关的业务规则、内部控制、风险隔离及合规检查等制度
   D. 具有满足业务需要的技术系统

4. A期货公司在客户出现保证金不足且呈持续状态的情况下，允许其继续进行期货交易，此后期货公司陆续对上述客户强行平仓发生客户穿仓损失，并且从中获得8万元的违规操作所得。该期货公司应受到的处罚是（   ）。
   A. 没收违法所得，并处违法所得1倍以上5倍以下的罚款
   B. 没收违法所得，并处10万元以上30万元以下的罚款
   C. 处以10万元以上20万元以下的罚款
   D. 吊销期货业务许可证

5. 2015年7月20日，A期货公司挪用客户保证金3亿元，截至2015年10月，该期货公司已将前述保证金偿还，如果该期货公司首席风险官发现公司有上述问题，下列表述中正确的是（   ）。
   A. 首席风险官应当向中国期货业协会报告
   B. 首席风险官应当向董事会报告
   C. 首席风险官应当向公司控股股东单位报告

D. 首席风险官应当向公司住所地中国证监会派出机构报告

6. 2015 年，A 期货交易所的手续费首日为 5000 万元人民币，根据《期货交易所管理办法》的规定，该期货交易所应提取的风险准备金为（　　）万元。
   A. 500　　　　　B. 1000　　　　　C. 2000　　　　　D. 2500

7. 刘某为某期货公司的总经理，王某为其朋友，王某在刘某所任职的期货公司开立账户，此后多次找到刘某，请求其透漏一些期货信息，刘某利用其职位获取相关信息，对其暗示某些期货价格可能会上涨，结果王某从中获利 50 万元，并给予刘某好处费 10 万元。下列说法中，正确的是（　　）。
   A. 刘某属于"知情人士"，不得向外透漏期货交易的内幕
   B. 刘某的行为已构成商业贿赂
   C. 应当没收刘某违法所得，并处 3 万元以下罚款
   D. 情节严重的，中国证监会可以暂停或者撤销刘某的任职资格，依法追究其刑事责任

8. A 食品公司欲将其闲置资金投资于金融期货，它向期货交易所会员申请开立金融期货交易编码，下列的指标符合要求的有（　　）。
   A. 申请开户时保证金账户可用资金余额不低于人民币 50 万元
   B. 相关业务人员具备金融期货基础知识，通过相关测试
   C. 最近 3 年具有 10 笔以上的商品期货交易成交记录
   D. 具有累计 10 个交易日、20 笔以上（含）的金融期货仿真交易成交记录

9. 杨某是某期货公司从业人员，在从业过程中，杨某为了发展业务，对其客户谎称另一期货从业人员经常出去赌钱，现在欠了很多赌债，千万不要把自己的期货交易委托给他管理。根据《期货从业人员执业行为准则》的规定，杨某受到暂停从业资格处分后，应当（　　）。
   A. 在处分期间不得从事任何与期货相关的活动
   B. 参加协会组织的专项后续执业培训
   C. 自我反省，公开道歉
   D. 向期货业协会递交保证书，承诺不再从事违法行为

10. 马某以前在银行工作，现在上海期货交易所工作，张某、赵某、王某和罗某想要投资上海期货交易所黄金期货，其中，张某是马某同事的同学，赵某是马某的同学，王某是马某以前的同事，罗某是马某的妻子。请问这几位投资者中，（　　）的投资交易活动是马某应该回避的。
    A. 张某　　　　　B. 罗某　　　　　C. 王某　　　　　D. 赵某

11. A 期货公司股东大会通过决议，任命期货公司现任总经理白某为期货公司董事长兼任总经理一职，针对此案例，下列说法中正确的是（　　）。
    A. 白某担任期货公司董事长，还应当再取得中国证监会核准的董事长任职资格
    B. 白某担任董事长应具有大学本科以上学历或取得学士以上学位
    C. 白某不能同时兼任董事长、总经理
    D. 应召开股东会，股东会决议通过后，期货公司即可任命白某

12. 一日，客户 A 需从期货公司转出保证金 100 万元，期货公司和客户应通过（   ）进行转账。

    A. 期货公司备案的期货保证金账户　　B. 期货公司自有资金账户
    C. 客户登记的期货结算账户　　　　　D. 期货交易所专用结算账户

13. 丁某原为北京 A 公司的职员，没有期货从业经历。现拟申请 A 期货公司的独立董事一职，根据《期货公司董事、监事和高级管理人员任职资格管理办法》的规定，申请该职位必须有 2 名推荐人的书面意见，丁某找到了以下 4 位，其中可以作为推荐人的是（   ）。

    A. 张某是 A 期货公司的监事
    B. 王某是 A 期货公司的总经理，任职 2 个月
    C. 陈某是丁某原单位的总经理
    D. 钱某在 A 期货公司任监事会主席 2 年以上

14. 卢某、许某、张某和李某为 A 期货公司从业人员，因执行过程中存在违法违规行为，中国期货业协会对卢某采取了训诫、对许某采取了公开谴责、对张某采取了撤销从业资格、对李某采取了暂停从业资格的措施。则上述 4 人中应当参加中国期货业协会组织的专项后续职业培训的有（   ）。

    A. 许某　　　B. 张某　　　C. 卢某　　　D. 李某

15. A 期货公司股东大会通过决议，同意期货公司现任总经理于某受让本公司总裁 7% 的股权。关于于某的股权受让行为，下列说法中正确的是（   ）。

    A. 于某不能受让期货公司股权，因为他将在期货公司任董事长一职
    B. 于某可以受让期货公司期权，但因持股比例超过 5% 应当报请中国证监会批准
    C. 于某不能受让期货公司股权，因为他是自然人，不满足《期货公司监督管理办法》规定的期货公司股东条件
    D. 于某可以受让期货公司股权，但因持股比例增加到 5% 以上，应当经期货公司住所地中国证监会派出机构批准

16. A 期货公司完全按照客户的交易指令入市交易，但因此产生了混码交易，交易中产生的损失应（   ）。

    A. 由客户承担　　　　　　　　　　　B. 由期货公司承担
    C. 客户与期货公司各承担一部分　　　D. 期货交易所承担一部分

17. 如果期货公司在经营过程中，由于业务发展需要，要招聘一个副总经理，下列几位人员前来应聘，其中可能被招聘的是（   ）。

    A. 甲取得学士学位，曾经在 A 期货公司从事期货业务 4 年
    B. 乙取得博士学位，曾经在银行工作 5 年，准备参加期货从业人员资格考试
    C. 丙大专毕业，曾经在 B 公司担任 10 年的会计
    D. 丁本科毕业，此前从事了 6 年的律师工作，现已具有期货从业人员资格

18. A 期货公司接受客户于某委托为其进行玉米期货交易，于某根据玉米期货近期的表现，总结经验，得出玉米处于多头行情中，并有加速上涨的趋势，于是下达交易指令，买入玉米期货合约 50 手。但是，期货公司根据自己以往的经验，预测玉米期

货的走势并不十分明朗,有下跌的风险,于是擅自做主没有为于某下达交易指令,结果玉米期货价格迅速上涨,造成于某没有获利。在该案例中,该期货公司应遭到的惩罚是(　　)。

  A. 责令改正,给予警告,没收违法所得,并处违法所得1倍以上3倍以下的罚款;没有违法所得或者违法所得不满10万元的,并处10万元以上30万元以下的罚款;情节严重的,责令停业整顿或吊销期货业务许可证

  B. 责令改正,给予警告,没收违法所得,并处违法所得1倍以上3倍以下的罚款;没有违法所得或者违法所得不满10万元的,并处10万元以上50万元以下的罚款;情节严重的,责令停业整顿

  C. 责令改正,给予警告,没收违法所得,并处违法所得1倍以上5倍以下的罚款;没有违法所得或者违法所得不满10万元的,并处10万元以上30万元以下的罚款;情节严重的,责令停业整顿

  D. 责令改正,给予警告,没收违法所得,并处违法所得1倍以上5倍以下的罚款;没有违法所得或者违法所得不满10万元的,并处10万元以上50万元以下的罚款;情节严重的,责令停业整顿或者吊销期货业务许可证

19. 一般法人申请金融期货开户时,要求净资产不低于人民币100万元。下列能作为净资产指标证明的有(　　)。

  A. 加盖公章的上一年度资产负债表

  B. 加盖公章的上一年度利润表

  C. 距申请开户日期不超过半年的季度资产负债表

  D. 距申请开户日期不超过3个月的月度资产负债表

20. 小李买入11月份的白糖合约10手,成本价为3000元,一日该合约涨到4000元,小李下达交易指令,以4000元的价格平仓。下单员认为11月份的白糖合约还会继续上涨,于是没有完全执行小李的交易指令,以4000元的价格平仓5手。果然几天后,该合约上涨到4400元;甲以4400元的价格平仓,额外获利2000元。请问这2000元该如何处理?(　　)

  A. 交易价格超出客户指令价位范围的,交易结果由期货公司承担,因此这2 000元归期货公司所有

  B. 如果客户得到交易情况,予以追认的,2000元一般应当返还给客户

  C. 2000元属于下单员甲的智力成果,应归甲所有

  D. 2000元归客户所有

模拟试卷(二)参考答案及解析

一、单项选择题

1. 【答案】　A

【解析】《期货交易所管理办法》第四条规定,经中国证券监督管理委员会批准,期货交易所可以采取会员制或者公司制的组织形式。会员制期货交易所得注册资本划分为均等份

额,由会员出资认缴。公司制期货交易所采用股份有限公司的组织形式。

2.【答案】 B

【解析】《期货交易所管理办法》第十五条规定,期货交易所联网交易的,应当于决定之日起10日内报告中国证监会。

3.【答案】 C

【解析】《期货交易管理条例》第十四条规定,期货交易所的所得收益按照国家有关规定管理和使用,但应当首先用于保证期货交易场所、设施的运行和改善。

4.【答案】 A

【解析】《期货从业人员执业行为准则(修订)》第二十条规定,从业人员在进行投资分析或者提出投资建议时,应当勤勉尽责、独立客观,投资分析及投资建议要有合理、充足的依据,要严格区分客观事实与主观判断,并对重要事实予以明示。

5.【答案】 D

【解析】《最高人民法院关于审理期货纠纷案件若干问题的规定》第三十六条规定,期货公司的交易保证金不足,又未能按期货交易所规定的时间追加保证金的,按交易规则的规定处理;规定不明确的,期货交易所有权就其未平仓的期货合约强行平仓,强行平仓所造成的损失,由期货公司承担。

6.【答案】 A

【解析】《最高人民法院关于审理期货纠纷案件若干问题的规定》第六条规定,侵权与违约竞合的期货纠纷案件,依当事人选择的诉由确定管辖。当事人既以违约又以侵权起诉的,以当事人起诉状中在先的诉讼请求确定管辖。

7.【答案】 A

【解析】《证券公司为期货公司提供中间介绍业务试行办法》第三条规定,证券公司从事介绍业务,应当依照本办法的规定取得介绍业务资格,审慎经营,并对通过其营业部开展的介绍业务实行统一管理。

8.【答案】 C

【解析】《证券公司为期货公司提供中间介绍业务试行办法》第七条规定,证券公司申请介绍业务,应当向中国证监会提交申请材料。

9.【答案】 B

【解析】《期货公司监督管理办法》第八条规定,申请设立期货公司,持有5%以上股权的个人股东为法人或者其他组织的,其个人金融资产不低于人民币,其个人金融资产不低于人民币3000万元。

10.【答案】 A

【解析】《期货投资者保障基金管理暂行办法》第十八条规定,中国证监会负责保障基金业务监管,对保障基金的筹集、管理和使用等情况进行定期核查。中国证监会定期向保障基金管理机构通报期货公司总体风险状况。存在较高风险的期货公司应当每月向保障基金管理机构提供财务监管报表。

11.【答案】 D

【解析】《期货公司风险监管指标管理试行办法》第二十五条规定,期货公司应当按照中国证监会规定的方式报送风险监管报表。期货公司应当保留书面风险监管报表，相应责任人员应当在书面报表上签字，并加盖公司印章，、该报表的保存期限应当不少于5年。

12. 【答案】 A

【解析】《最高人民法院关于审理期货纠纷案件若干问题的规定》第二十条规定，客户下达的交易指令没有品种、数量、买卖方向的，期货公司未予拒绝而进行交易造成的损失，由期货公司承担赔偿责任，客户予以追认的除外。

13. 【答案】 C

【解析】《期货交易所管理办法》第六十九条规定，保证金分为结算准备金和交易保证金。结算准备金是指未被合约占用的保证金；交易保证金是指已被合约占用的保证金。

14. 【答案】 B

【解析】《期货交易所管理办法》第九十八条规定公司制期货交易所收购本期货交易所股份、股东转让所持股份或者对其股份进行其他处置，应当经中国证监会批准。

15. 【答案】 D

【解析】《期货投资者保障基金管理暂行办法》第十四条和第十五条规定，保障基金管理机构负责期货投资者保障基金筹集、管理、使用报告的编报。

16. 【答案】 B

【解析】《期货交易管理条例》第六十条规定，期货公司涉及重大诉讼、仲裁，或者股权被冻结或者用于担保，以及发生其他重大事件时，期货公司及其相关股东、实际控制人应当自该事件发生之日起5日内向国务院期货监督管理机构提交书面报告。

17. 【答案】 B

【解析】《金融期货投资者适当性制度操作指引》第八条规定，期货公司会员应当根据交易所统一编制的试卷对投资者进行测试。测试试卷及答案通过中国金融期货交易所系统统一下发至期货公司会员。交易所更新测试试卷的，期货公司会员应当使用更新后的试卷对投资者进行测试。

18. 【答案】 D

【解析】《期货公司监督管理办法》第七十六条规定，客户在期货交易中违约造成保证金不足的，期货公司应当以风险准备金和自有资金垫付，不得占用其他客户保证金。

19. 【答案】 D

【解析】《期货公司首席风险官管理规定（试行）》第十三条规定，首席风险官不得有下列行为：①擅离职守，无故不履行职责或者授权他人代为履行职责；②在期货公司兼任除合规部门负责人以外的其他职务，或者从事可以影响其独立履行职责的活动；③对期货公司经营管理中存在的违法违规行为或重大风险隐患知情不报、拖延报告或者作虚假报告；④利用职务之便来谋取私利；⑤滥用职权，干预期货公司正常经营；⑥向与履职无关的第三方泄露期货公司秘密或者客户信息，损害期货公司或者客户的合法权益。

20. 【答案】 D

【解析】《期货交易管理条例》第七十一条规定，交割仓库有《期货交易管理条例》第三十五条第二款所列行为之一的，责令改正，给予警告，没收违法所得，并处违法所得1倍以上5倍以下的罚款；没有违法所得或者违法所得不满10万元的，并处10万元以上50万元以下的罚款；情节严重的，责令期货交易所暂停或者取消其交割仓库资格。对直接负责的主管人员和其他直接责任人员给予警告，并处 1 万元以上 10 万元以下的罚款。

21. 【答案】　　B

【解析】《期货公司首席风险官管理规定（试行）》第二十九条规定，首席风险官被中国证监会及其派出机构认定为不适当人选之日起 2 年内，任何期货公司不得任用该人员担任董事、监事和高级管理人员。

22. 【答案】　　D

【解析】《关于建立金融期货投资者适当性制度的规定》第四条规定，监控中心对期货公司执行投资者适当性制度的情况进行核查验证。

23. 【答案】　　B

【解析】《期货从业人员执业行为准则（修订）》第四十五条规定，从业人员与投资者或所在机构发生纠纷而无法自行合理解决的，可以按照规定的程序，提请期货业协会进行调解。

24. 【答案】　　A

【解析】《期货投资者保障基金管理暂行办法》第二十一条规定，使用保障基金前，中国证监会和保障基金管理机构应当监督期货公司核实投资者保证金权益及损失，积极清理资产并变现处置，应当先以自有资金和变现资产弥补保证金缺口。不足弥补或者情况危急的，方能决定使用保障基金。

25. 【答案】　　D

【解析】《期货公司首席风险官管理规定（试行）》第三十一条规定，期货公司股东、董事和经理层限制、阻挠首席风险官正常开展工作的，首席风险官可以向中国证监会派出机构报告，中国证监会派出机构依法进行调查和处理。

26. 【答案】　　B

【解析】《期货投资者保障基金管理暂行办法》第十八条规定，中国证监会负责保障基金业务监管，对保障基金的筹集、管理和使用等情况进行定期核查。中国证监会定期向保障基金管理机构通报期货公司总体风险状况。存在较高风险的期货公司应当每月向保障基金管理机构提供财务监管报表。

27. 【答案】　　D

【解析】《最高人民法院关于审理期货纠纷案件若干问题的规定》第二条规定，人民法院审理期货合同纠纷案件，应当严格按照当事人在合同中的约定确定违约方承担的责任，当事人的约定违反法律、行政法规强制性规定的除外。

28. 【答案】　　A

【解析】《最高人民法院关于审理期货纠纷案件若干问题的规定（二）》第八条规定，人民法院在办理案件过程中，依法需要通过期货交易所、期货公司查询、冻结、划拨资金或者有价证券的，期货交易所、期货公司应当予以协助。应当协助而拒不协助的，按照《中华人民共和国民事诉讼法》第一百零三条之规定办理。

29. 【答案】　　A

【解析】《期货公司董事、监事和高级管理人员任职资格管理办法》第五十九条规定，申请人或者拟任人隐瞒有关情况或者提供虚假材料申请任职资格的，中国证监会及其派出机构不予受理或者不予行政许可，并依法予以警告。

30. 【答案】 B

【解析】《期货公司董事、监事和高级管理人员任职资格管理办法》第三十条规定，期货公司任用董事、监事和高级管理人员，应当自作出决定之日起 5 个工作日内，向中国证监会相关派出机构报告。

31. 【答案】 D

【解析】《期货交易所管理办法》第四十五条规定，期货交易所应当设独立董事，独立董事由中国证监会提名，股东大会通过。

32. 【答案】 D

【解析】《期货交易所管理办法》第七十八条规定，期货交易所应当按照手续费收入的 20% 的比例提取风险准备金，风险准备金应当单独核算，专户存储，中国证监会可以根据期货交易所业务规模、发展计划以及潜在的风险决定风险准备金的规模。

33. 【答案】 B

【解析】《期货交易管理条例》第五十条规定，国家根据期货市场发展的需要，设立期货投资者保障基金。期货投资者保障基金的筹集、管理和使用的具体办法，由国务院期货监督管理机构会同国务院财政部门制定。

34. 【答案】 C

【解析】《期货公司首席风险官管理规定（试行）》第二十八条规定，首席风险官应当在每季度结束之日起 10 个工作日内向公司住所地中国证监会派出机构提交季度工作报告；每年 1 月 20 日前向公司住所地中国证监中派出机构提交上一年度全面工作报告，报告期货公司合规经营、风险管理状况和内部控制状况，以及首席风险官的履行职责情况，包括首席风险官所作的尽职调查、提出的整改意见以及期货公司整改效果等内容。

35. 【答案】 B

【解析】《最高人民法院关于审理期货纠纷案件若干问题的规定》第十条规定，公民、法人受期货公司或者客户的委托，作为居间人为其提供订约的机会或者订立期货经纪合同的中介服务的，期货公司或者客户应当按照约定向居间人支付报酬。居间人应当独立承担基于居间经纪关系所产生的民事责任。

36. 【答案】 C

【解析】《证券公司为期货公司提供中间介绍业务试行办法》第三十二条规定，证券公司对客户未充分揭示期货交易风险，进行虚假宣传，误导客户，责令改正，给予警告，没收违法所得，并处违法所得 1 倍以上 3 倍以下的罚款。

37. 【答案】 C

【解析】《期货公司监督管理办法》第七十九条规定，持有期货公司 5% 以上股权的股东、实际控制人或者其他关联人在期货公司从事期货交易的，期货公司应当自开户之日起 5 个工作日内向住所地中国证监会派出机构报告开户情况，并定期报告交易情况。

38. 【答案】 B

【解析】《期货交易管理条例》第二十六条规定，客户可以通过书面、电话、互联网或者国务院期货监督管理机构规定的其他方式,向期货公司下达交易指令。客户的交易指令应当明确、全面。期货公司不得隐瞒重要事项或者使用其他不正当手段诱骗客户发出交易指令。

39. 【答案】 C

【解析】《期货交易所管理办法》第一百零九条规定,期货交易所应当按照国家有关规定及时缴纳期货市场监管费。

40. 【答案】 D

【解析】《关于建立金融期货投资者适当性制度的规定》第十一条规定,期货公司应当完善客户纠纷处理机制,明确承担此项职责的部门和岗位,负责处理投资者参与金融期货交易所产生的投诉等事项,及时化解相关矛盾纠纷。

41. 【答案】 B

【解析】《期货从业人员管理办法》第八条规定,通过从业资格考试的,取得期货业协会颁发的从业资格考试合格证明。

42. 【答案】 D

【解析】《期货交易管理条例》第十九条规定,期货公司办理下列事项,应当经国务院期货监督管理机构批准:①合并、分立、停业、解散或者破产;②变更业务范围;③变更注册资本且调整股权结构;④新增持有5%以上股权的股东或者控股股东发生变化;⑤国务院期货监督管理机构规定的其他事项。前款第三项、第六项所列事项,国务院期货监督管理机构应当自受理申请之日起20日内做出批准或者不批准的决定;前款所列其他事项,国务院期货监督管理机构应当自受理申请之日起2个月内做出批准或者不批准的决定。

43. 【答案】 C

【解析】《期货交易所管理办法》第八十七条规定,期货交易所实行风险警示制度,期货交易所认为必要的,可以分别或同时采取要求会员和客户报告情况、谈话提醒、发布风险提示函等措施,以警示和化解风险。

44. 【答案】 C

【解析】《期货从业人员管理办法》第二十一条规定,期货业协会应当建立期货从业人员信息数据库,公示并且及时更新从业资格注册、诚信记录等信息。

45. 【答案】 A

【解析】《期货公司首席风险官管理规定(试行)》第二十九条规定,首席风险官不履行职责或者有第十三条所列行为的,中国证监会及其派出机构可以依照《期货公司董事、监事和高级管理人员任职资格管理办法》对首席风险官采取监管谈话、出具警示函、责令更换等监管措施。情节严重的,认定其为不适当人选。自被中国证监会及其派出机构认定为不适当人选之日起2年内,任何期货公司不得任用该人员担任董事、监事和高级管理人员。

46. 【答案】 C

【解析】《期货交易管理条例》第六十四条规定,期货交易所、非期货公司结算会员违反规定收取手续费的,应当责令退还多收取的手续费。

47. 【答案】 D

【解析】《证券公司为期货公司提供中间介绍业务试行办法》第八条规定,中国证监会自受理证券公司申请介绍业务材料之日起20个工作日内作出批准与否的决定。

48.【答案】 B

【解析】《期货公司风险监管指标管理办法》第二十八条规定,期货公司风险监管指标达到预警标准的,期货公司应当于当日向公司住所地中国证监会派出机构提交书面报告,详细说明原因、对公司的影响、解决问题的具体措施和期限,还应当向公司全体董事提交书面报告。

49.【答案】 B

【解析】《期货公司董事、监事和高级管理人员任职资格管理办法》第四十六条规定,期货公司董事长、总经理、首席风险官在失踪、死亡、丧失行为能力等特殊情形下不能履行职责的,期货公司可以按照公司章程等规定临时决定由符合相应任职资格条件的人员代为履行职责,并自作出决定之日起3个工作日内向中国证监会及其派出机构报告。公司决定的人员不符合条件的,中国证监会及其派出机构可以责令公司更换代为履行职责的人员。代为履行职责的时间不得超过6个月。

50.【答案】 A

【解析】《最高人民法院关于审理期货纠纷案件若干问题的规定》第十四条规定,因期货经纪合同无效给客户造成经济损失的,应当根据无效行为与损失之间的因果关系确定责任的承担。一方的损失系对方行为所致,应当由对方赔偿损失;双方有过错的,根据过错大小各自承担相应的民事责任。

51.【答案】 D

【解析】《最高人民法院关于审理期货纠纷案件若干题的规定》第三十四条规定,期货交易所允许期货公司开仓透支交易的,对透支交易造成的损失,由期货交易所承担主要赔偿责任,赔偿额不得超过损失的60%。

52.【答案】 D

【解析】《期货从业人员管理办法》第九条规定,取得从业资格考试合格证明的人员从事期货业务的,应当事先通过其所在机构向协会申请从业资格。

53.【答案】 B

【解析】《期货交易所管理办法》第八十四条规定,期货交易所先以违约会员的保证金承担该会员的违约责任,保证金不足的,实行全员结算制度的期货交易所应当以违约会员的自有资金、期货交易所风险准备金和期货交易所自有资金承担;实行会员分级结算制度的期货交易所应当以违约会员的自有资金、结算担保金、期货交易所风险准备金和期货交易所自有资金承担。

54.【答案】 C

【解析】《最高人民法院关于审理期货纠纷案件若干问题的规定》第一条规定,人民法院审理期货纠纷案件,应依法保护当事人合法权益,确定其承担的风险责任,并维护期货市场秩序。

55.【答案】 B

【解析】《期货从业人员管理办法》第三十五条规定,协会工作人员不按本办法规定履行职责、徇私舞弊、玩忽职守或者故意刁难有关当事人的,协会应当给予纪律处分。

56. 【答案】　C

【解析】《期货公司金融期货结算业务试行办法》第三十二条规定，全面结算会员期货公司应当按照期货交易所的规定，建立并执行对非结算会员的限仓制度。

57. 【答案】　A

【解析】《期货公司风险监管指标管理试行办法》第三十三条规定，经过整改，风险监管指标符合规定标准的，期货公司应当向公司所在地中国证监会派出机构报告。

58. 【答案】　D

【解析】《期货公司董事、监事和高级管理人员任职资格管理办法》第二十四条规定，申请除董事长、监事会主席、独立董事以外的董事、监事和财务负责人的任职资格，应当由拟任职期货公司向公司住所地的中国证监会派出机构提出申请，并提交下列申请材料：①申请书；②任职资格申请表；③身份、学历、学位证明；③中国证监会规定的其他材料。申请财务负责人任职资格的，还应当提交期货从业人员资格证书，以及会计师以上职称或者注册会计师资格的证明。

59. 【答案】　B

【解析】《期货投资者保障基金管理暂行办法》第十一条规定，有下列情形之一的，经中国证监会、财政部批准，期货交易所、期货公司可以暂停缴纳保障基金：①保障基金总额达到8亿元人民币；②期货交易所、期货公司遭受重大突发市场风险或者不可抗力保障基金的规模、缴纳比例和缴纳方式，由中国证监会根据期货市场发展状况、市场风险水平等情况调整确定。

60. 【答案】　B

【解析】《期货公司金融期货结算业务试行办法》第四十二条规定，全面结算会员期货公司与非结算会员签订、变更或者终止结算协议的，应当在签订、变更或者终止结算协议之日起3个工作日内向协议双方住所地的中国证监会派出机构、期货交易所和期货保证安全存管监控机构报告。

二、多项选择题

1. 【答案】　BCD

【解析】《期货公司资产管理业务试点办法》第三十七条规定，期货公司应当按照本办法和期货公司信息公示有关要求，在中期协网站上对资产管理业务试点资格、从业人员、主要投资策略、投资方向及其风险特征等基本情况进行公示。

2. 【答案】　ABCD

【解析】《期货交易所管理办法》第八条规定，期货交易所除履行《期货交易管理条例》规定的职责外，还应当履行下列职责：①制定并实施期货交易所的交易规则及其实施细则；②发布市场信息；③监管会员及其客户、指定交割仓库、期货保证金存管银行及期货市场其他参与者的期货业务；④查处违规行为。

3. 【答案】　ABCD

【解析】《中华人民共和国刑法修正案（六）》规定，明知是毒品犯罪、黑社会性质的组织犯罪、恐怖活动犯罪、走私犯罪、贪污贿赂犯罪、破坏金融管理秩序犯罪、金融诈骗犯罪的所得及其产生的收益，为掩饰、隐瞒其来源和性质，有下列行为之一的，没收实施以上犯罪的所得及情节严重的，处 5 年以下有期徒刑或者拘役，并处或者单处洗钱数额 5% 以上 20% 以下罚金；情节严重的，处 5 年以上 10 年以下有期徒刑，并处洗钱数额 5% 以上 20% 以下罚金：①提供资金账户的；②协助将财产转换为现金、金融票据、有价证券的；③通过转账或者其他结算方式协助资金转移的；④协助将资金汇往境外的；⑤以其他方法掩饰、隐瞒犯罪所得及其收益的来源和性质的。

4.【答案】 ABCD

【解析】《期货公司首席风险官管理规定（试行）》第十三条和第十五条规定，首席风险官不得有下列行为：①擅离职守，无故不履行职责或者授权他人代为履行职责；②在期货公司兼任除合规部门负责人以外的其他职务，或者从事可能影响其独立履行职责的活动；③对期货公司经营管理中存在的违法违规行为或者重大风险隐患知情不报、拖延报告或者作虚假报告；④利用职务之便牟取私利；⑤滥用职权，干预期货公司正常经营；⑥向与履职无关的第三方泄露期货公司秘密或者客户信息，损害期货公司或者客户的合法权益；⑦其他损害客户和期货公司合法权益的行为。首席风险官不能够胜任工作，或者存在第十三条规定的情形和其他违法违规行为的，期货公司董事会可以免除首席风险官的职务。

5.【答案】 ABC

【解析】《期货公司首席风险官管理规定（试行）》第十六条规定，期货公司董事会拟免除首席风险官职务的，应当提前通知本人，并按规定将免职理由、首席风险官履行职责情况及替代人选名单书面报告公司住所地中国证监会派出机构。被免职的首席风险官可以向公司住所地中国证监会派出机构解释说明情况。

6.【答案】 ABC

【解析】《期货交易所管理办法》第一百条规定，期货交易所工作人员应当自觉遵守有关法律、行政法规、规章和政策，恪尽职守，勤勉尽责，诚实信用，具有良好的职业操守。期货交易所工作人员不得从事期货交易，不得泄露内幕消息或者利用内幕消息获得非法利益，不得从期货交易所会员、客户处谋取利益。期货交易所的工作人员履行职务，遇有本人或者其亲属有利害关系的情形时，应当回避。

7.【答案】 ABC

【解析】《期货从业人员管理办法》第二条规定，申请期货从业人员资格，从事期货经营业务的机构任用期货从业人员，以及期货从业人员从事期货业务的，应当遵守本办法。

8.【答案】 AC

【解析】《期货公司金融期货结算业务试行办法》第二十条规定，非结算会员下达的交易指令进入期货交易所后，期货交易所应当及时将委托回报和成交结果反馈给全面结算会员期货公司和非结算会员。非结算会员对委托回报和成交结果有异议的，应当及时向全面结算会员期货公司和期货交易所提出。

9.【答案】 ABC

【解析】《期货交易管理条例》第七十五条规定，期货公司的交易软件、结算软件供应商拒不配合国务院期货监督管理机构调查，或者未按照规定向国务院期货监督管理机构提供相关软件资料，或者提供的软件资料有虚假、重大遗漏的，责令改正，处 3 万元以上 10 万元以下的罚款对直接负责的主管人员和其他直接责任人员给予警告,并处 1 万元以上 5 万元以下的罚款。

10.【答案】 ABCD

【解析】《期货公司首席风险官管理规定(试行)》第二十条规定,首席风险官应当对期货公司经营管理中可能发生的违规事项和可能存在的风险隐患进行质询和调查。并重点检查期货公司是否依据法律、行政法规及有关规定,建立健全和有效执行以下制度:①期货公司客户保证金安全存管制度;②期货公司风险监管指标管理制度;③期货公司治理和内部控制制度;④期货公司经纪业务规则、结算业务规则、客户风险管理制度和信息安全制度;⑤期货公司员工近亲属持仓报告制度;⑥其他对客户资产安全、交易安全等期货公司持续稳健经营有重要影响的制度。

11.【答案】 ABCD

【解析】《期货交易管理条例》第六十七条规定,期货公司有下列欺诈客户行为之一的,责令改正,给予警告,没收违法所得,并处违法所得 1 倍以上 5 倍以下的罚款;没有违法所得或者违法所得不满 10 万元的,并处 10 万元以上 50 万元以下的罚款;情节严重的,责令停业整顿或者吊销期货业务许可证:①向客户作获利保证或者不按照规定向客户出示风险说明书的;②在经纪业务中与客户约定分享利益、共担风险的;③不按照规定接受客户委托或者不按照客户委托内容擅自进行期货交易的;④隐瞒重要事项或者使用其他不正当手段,诱骗客户发出交易指令的;⑤向客户提供虚假成交回报的;⑥未将客户交易指令下达到期货交易所的;⑦挪用客户保证金的;⑧不按照规定在期货保证金存管银行开立保证金账户,或者违规划转客户保证金的;⑨国务院期货监督管理机构规定的其他欺诈客户的行为。

12.【答案】 CD

【解析】《期货交易所管理办法》第十八条规定,期货交易所因合并、分立或者解散而终止的,由中国证监会予以公布。期货交易所终止的,应当成立清算组进行清算。清算组制定的清算方案,应当报中国证监会批准。

13.【答案】 ABC

【解析】《期货从业人员执业行为准则(修订)》第十三条规定,从业人员不得疏忽履行应承担的义务:①从业人员应当严格按照有关期货业务规则规定办理相关期货业务;②从业人员应当及时告知投资者有关期货业务的情况,对投资者了解交易情况等合理的要求,应当在其职责范围内尽快给予答复;③从业人员应当在法律法规及公司制度规定范围内根据客户授权进行期货业务。

14.【答案】 ABCD

【解析】《期货公司监督管理办法》第六十七条规定,资产管理业务的投资范围包括:①期货、期权及其他金融衍生产品;②股票、债券、证券投资基金、集合资产管理计划、央行票据、短期融资券、资产支持证券等;③中国证监会认可的其他投资品种。

15.【答案】 ABD

【解析】《期货交易所管理办法》第六十六条规定,结算会员由交易结算会员、全面结算会员和特别结算会员组成。全面结算会员、特别结算会员可以为与其签订结算协议的非结算会员办理结算业务交易结算会员不得为非结算会员办理结算业务。

16. 【答案】 BC

【解析】《期货公司风险监管指标管理试行办法》第三十三条和第三十五条规定，经过整改，风险监管指标符合规定标准的，期货公司应当向公司住所地中国证监会派出机构报告，中国证监会派出机构应当进行验收。期货公司风险监管指标符合规定标准的，中国证监会派出机构应当自验收合格之日起3个工作日内解除对期货公司采取的有关措施。重大业务是指可能导致期货，公司净资本等风险监管指标发生10%以上变化的业务。

17. 【答案】 AD

【解析】《期货公司董事、监事和高级管理人员任职资格管理办法》第二十条规定，期货公司董事长、监事会主席、独立董事、经理层人员的任职资格，由中国证监会依法核准经中国证监会授权，可以由中国证监会派出机构依法核准，除董事长、监事会主席、独立董事以外的董事、监事和财务负责人的任职资格，由期货公司所在地的中国证监会派出机构依法核准，营业部负责人的任职资格由期货公司营业部所在地的中国证监会派出机构依法核准。

18. 【答案】 BCD

【解析】《期货交易所管理办法》第八十五条规定，期货交易所按交易规则及其实施细则规定的程序，对会员或者客户采取提高保证金标准、限期平仓、强行平仓措施的，应当在采取措施后及时报告中国证监会。

19. 【答案】 BCD

【解析】《期货交易管理条例》第六十六条规定，期货公司有下列行为之一的，责令改正，给予警告，没收违法所得，并处违法所得1倍以上3倍以下的罚款；没有违法所得或者违法所得不满10万元的，并处10万元以上30万元以下的罚款。情节严重的，责令停业整顿或者吊销期货业务许可证：①接受不符合规定条件的单位或者个人委托；②允许客户在保证金不足的情况下进行期货交易的；③未经批准，擅自办理本条例第十九条所列事项的；④违反规定从事与期货业务无关的活动的；⑤从事或者变相从事期货自营业务的；⑥为其股东、实际控制人或者其他关联人提供融资，或者对外担保的；⑦违反国务院期货监督管理机构有关保证金安全存管监控规定的；⑧不按照规定向国务院期货监督管理机构履行报告义务或者报送有关文件、资料的；⑨交易软件、结算软件不符合期货公司审慎经营和风险管理以及国务院期货监督管理机构有关保证金安全存管监控规定的要求的；⑩不按照规定提取、管理和使用风险准备金的；⑪伪造、涂改或者不按照规定保存期货交易、结算、交割资料的；⑫任用不具备资格的期货从业人员的；⑬伪造、变造、出租、出借、买卖期货业务许可证或者经营许可证的；⑭进行混码交易的；⑮拒绝或者妨碍国务院期货监督管理机构监督检查的；⑯违反国务院期货监督管理机构规定的其他行为。

20. 【答案】 ABCD

【解析】《期货公司董事、监事和高级管理人员任职资格管理办法》第五十四条规定，期货公司董事、监事和高级管理人员在任职期间出现下列情形之一的，中国证监会及其派出机构可以将其认定为不适当人选：①向中国证监会提供虚假信息或者隐瞒重大事项，造成严重后果；②拒绝配合中国证监会依法履行监管职责，造成严重后果；③擅离职守，造成严重后果；④1年内累计3次被中国证监会及其派出机构进行监管谈话；⑤累计3次被行业自律组织纪律处分；⑥对期货公司出现违法违规行为或者重大风险负有责任；⑦中国证监会认定

的其他情形

21.【答案】 ABC

【解析】《期货公司监督管理办法》第二十一条规定，期货公司变更住所，应当妥善处理客户资产，拟迁入的住所和拟使用的设施应当符合业务需要期货公司在中国证监会不同派出机构辖区变更住所的，还应当符合下列条件：①符合持续性经营规则；②近2年内未因重大违法违规行为受到行政处罚或者刑事处罚；③中国证监会根据审慎监管原则规定的其他条件。

22.【答案】 BCD

【解析】《期货首席风险官管理规定（试行）》第十九条规定，首席风险官应当向期货公司总经理、董事会和公司住所地中国证监会派出机构报告公司经营管理行为的合法合规性和风险管理状况首席风险官应当按照中国证监会派出机构的要求对期货公司有关问题进行核查，并及时将核查结果报送公司住所地中国证监会派出机构。

23.【答案】 AD

【解析】《期货公司风险监管指标管理办法》第二十九条规定，期货公司未按期报送风险监管报表或者报送的风险监管报表存在虚假记载、误导性陈述或者重大遗漏的，中国证监会派出机构应当要求期货公司限期报送或者补充更正；期货公司未在限期内报送或者补充更正的，公司住所地中国证监会派出机构应当对公司进行现场检查，发现期货公司违反企业会计准则和本办法有关规定的，可以认定风险监管指标不符合规定标准。

24.【答案】 ABCD

【解析】《期货公司监督管理办法》第五十五条规定，客户可以通过书面、电话、计算机、互联网等委托方式下达交易指令。

25.【答案】 AB

【解析】《证券公司为期货公司提供中间介绍业务试行办法》第二十条规定，证券公司介绍其控股股东、实际控制人等开户的，证券公司应当将其期货账户信息报所在地中国证监会派出机构备案，并按照中国证监会的规定履行信息披露义务。

26.【答案】 ABCD

【解析】《期货交易管理条例》第六十四条规定，期货交易所、非期货公司结算会员有下列行为之一的，责令改正，给予警告，没收违法所得：①违反规定接纳会员的；②违反规定收取手续费的；③违反规定使用、分配收益的；④不按照规定公布即时行情的，或者发布价格预测信息的；⑤不按照规定向国务院期货监督管理机构履行报告义务的；⑥不按照规定向国务院期货监督管理机构报送有关文件、资料的；⑦不按照规定建立、健全结算担保金制度的；⑧不按照规定提取、管理和使用风险准备金的；⑨违反国务院期货监督管理机构有关保证金安全存管监控规定的；⑩限制会员实物交割总量的；⑪任用不具备资格的期货从业人员的；⑫违反国务院期货监督管理机构规定的其他行为。

27.【答案】 ABCD

【解析】《期货公司金融期货结算业务试行办法》第二十八条规定，除下列情形外，全面结算会员期货公司不得划转非结算会员保证金：①依据非结算会员的要求支付可用资金；②收取非结算会员应当交存的保证金；③收取非结算会员应当支付的手续费、税款及其他费用；④双方约定且不违反法律、行政法规规定的其他情形。

28.【答案】 ABCD

【解析】《期货交易所管理办法》第三十四条规定，总经理行使下列职权：①组织实施会员大会、理事会通过的制度和决议；②主持期货交易所的日常工作；③根据章程和交易规则拟订有关细则和办法；④决定结算担保金的使用；⑤拟订风险准备金的使用方案；⑥拟订并实施经批准的期货交易所发展规划、年度工作计划；⑦拟订并实施经批准的期货交易所对外投资计划；⑧拟订期货交易所财务预算方案、决算报告；⑨拟订期货交易所合并、分立、解散和清算的方案；⑩拟订期货交易所变更名称、住所或者营业场所的方案；⑪决定期货交易所机构设置方案，聘任和解聘工作人员；⑫决定期货交易所员工的工资和奖惩；⑬期货交易所章程规定的或者理事会授予的其他职权。

29.【答案】 ACD

【解析】《期货投资者保障基金管理暂行办法》第十一条规定，有下列情形之一的，经中国证监会、财政部批准，期货交易所、期货公司可以暂停缴纳保障基金：①保障基金总额达到8亿元人民币；②期货交易所、期货公司遭受重大突发市场风险或者不可抗力。保障基金的规模、缴纳比例和缴纳方式，由中国证监会根据期货市场发展状况、市场风险水平等情况调整确定。

30.【答案】 ABC

【解析】《期货交易管理条例》第十五条规定，期货公司是依照《中华人民共和国公司法》和本条例规定设立的经营期货业务的金融机构。设立期货公司，应当在公司登记机关登记注册，并经国务院期货监督管理机构批准。未经国务院期货监督管理机构批准，任何单位或者个人不得设立或者变相设立期货公司，经营期货业务。

31.【答案】 ABD

【解析】《期货公司执行金融期货投资者适当性制度管理规则（修订）》第四条规定，会员单位在开户时，应当向投资者充分揭示金融期货风险，全面客观介绍金融期货法律法规、业务规则和产品特征。

32.【答案】 ABCD

【解析】《最高人民法院关于审理期货纠纷案件若干问题的规定（二）》第二条规定，期货交易所履行职责引起的商事案件是指：①期货交易所会员及其相关人员、保证金存管银行及其相关人员、客户、其他期货市场参与者，以期货交易所违反法律法规以及国务院期货监督管理机构的规定，履行监督管理职责不当，造成其损害为由提起的商事诉讼案件；②期货交易所会员及其相关人员、保证金存管银行及其相关人员、客户、其他期货市场参与者，以期货交易所违反其章程、交易规则、实施细则的规定以及业务协议的约定，履行监督管理职责不当，造成其损害为由提起的商事诉讼案件；③期货交易所因履行职责引起的其他商事诉讼案件。

33.【答案】 ABC

【解析】《最高人民法院关于审理期货纠纷案件若干问题的规定》第二十条规定，客户下达的交易指令没有品种、数量、买卖方向的，期货公司未予拒绝而进行交易造成客户的损失，由期货公司承担赔偿责任，客户予以追认的除外。

34.【答案】　ABCD

【解析】《期货公司期货投资咨询业务试行办法》第十八条规定，研究分析报告应当制作形成适当的书面或者电子文本形式，载明期货公司名称及其业务资格、研究分析人员姓名、从业证号、制作日期等内容，同时注明相关信息资料的来源、研究分析意见的局限性与使用者风险提示。

35.【答案】　ABCD

【解析】根据《最高人民法院关于审理期货纠纷案件若干问题的规定》第五十二条、第五十三条、第五十四条和第五十五条的规定，选项A、B、C、D均正确。

36.【答案】　ABC

【解析】《期货市场客户开户管理规定》第三条规定，中国期货保证金监控中心有限责任公司负责客户开户管理的具体实施工作。期货公司为客户申请、注销各期货交易所交易编码，以及修改与交易编码相关的客户资料，应当统一通过监控中心办理。

37.【答案】　ABCD

【解析】《期货交易所管理办法》第八十条、第八十一条和第八十二条规定，期货交易实行限仓制度和套期保值审批制度。期货交易实行大户持仓报告制度。会员或者客户持仓达到期货交易所规定的持仓报告标准的，会员或者客户应当向期货交易所报告，客户未报告的，会员应当向期货交易所报告。期货交易所可以根据市场风险状况制定并调整持仓报告标准。期货交易实行当日无负债结算制度。

38.【答案】　ABCD

【解析】根据《期货公司金融期货结算业务试行办法》第七条的规定，以上四个选项均正确。

39.【答案】　ABCD

【解析】《期货公司监督管理办法》第六十八条规定，期货公司及其从业人员从事资产管理业务，不得有下列行为：①以欺诈手段或者其他不当方式误导、诱导客户；②向客户做出保证其资产本金不受损失或者取得最低收益的承诺；③接受客户委托的初始资产低于中国证监会规定的最低限额；④占用、挪用客户委托资产；⑤以转移资产管理账户收益或者亏损为目的，在不同账户之间进行买卖，损害客户利益；⑥以获取佣金或者其他利益为目的，使用客户资产进行不必要的交易；⑦利用管理的客户资产为第三方谋取不正当利益，进行利益输送；⑧法律、行政法规以及中国证监会规定禁止的其他行为。

40.【答案】　ABCD

【解析】《期货公司首席风险官管理规定（试行）》第六条规定，期货公司应当根据公司章程的规定依法提名并聘任首席风险官。期货公司设有独立董事的，还应当经全体独立董事同意。董事会选聘首席风险官，应当将其是否熟悉期货法律法规、是否诚信守法、是否具备胜任能力以及是否符合规定的任职条件作为主要判断标准。

三、判断题

1.【答案】　B

【解析】《期货公司风险监管指标管理办法》第九条规定，期货公司持有的金融资产，按照分类和流动性情况采取不同比例进行风险调整，分类中同时符合两个或者两个以上标准的，应当采用最高的比例进行风险调整。

2. 【答案】　A

【解析】《期货公司执行金融期货投资者适当性制度管理规则（修订）》第三条规定，会员单位应当建立以了解客户和分类管理为核心的客户管理和服务制度，将金融期货投资者适当性制度贯穿于开户流程管理的各个环节，理性选择客户，不得为不符合投资者适当性标准的投资者申请金融期货交易编码。

3. 【答案】　A

【解析】《期货公司金融期货结算业务试行办法》第三十一条规定，全面结算会员期货公司应当按照中国证监会、期货交易所的规定，建立对非结算会员的保证金管理制度。全面结算会员期货公司可以根据非结算会员的资信及市场情况调整保证金标准。

4. 【答案】　A

【解析】《期货从业人员执业行为准则（修订）》第四十三条规定，从业人员受到训诫、公开谴责和暂停从业资格的纪律惩戒的，应当参加协会组织的专项后续职业培训。

5. 【答案】　A

【解析】《期货公司金融期货结算业务试行办法》第十条规定，期货公司申请金融期货结算业务资格，应当向中国证监会提交金融期货结算业务资格申请书。

6. 【答案】　B

【解析】《关于建立金融期货投资者适当性制度的规定》第六条规定，期货公司应当及时将投资者适当性制度实施方案及相关制度报中金所和公司所在地中国证监会派出机构备案。

7. 【答案】　B

【解析】《期货公司金融期货结算业务试行办法》第五条规定，中国证监会及其派出机构依法对期货公司从事金融期货结算业务实行监督管理。中国期货业协会和期货交易所依法对期货公司的金融期货结算业务实行自律管理。

8. 【答案】　B

【解析】《金融期货投资者适当性制度操作指引》第十五条规定，投资者在期货公司会员为其向交易所申请开立交易编码前一交易日日终应当具有累计10个交易日、20笔以上的金融期货仿真交易成交记录。一笔委托分次成交的视为一笔成交记录。

9. 【答案】　B

【解析】《期货公司监督管理办法》第五十四条规定，《（期货经纪合同）指引》和《期货交易风险说明书》由中国期货业协会制定。

10. 【答案】　B

【解析】《期货公司监督管理办法》第五十九条规定，期货公司应当按照规定为客户申请、注销交易编码。客户与期货公司的委托关系终止的，应当办理销户手续。期货公司不得将客户未注销的资金账号、交易编码借给他人使用。

11. 【答案】　A

【解析】《期货从业人员管理办法》第二十二条规定，期货业协会应当组织期货从业人员后续职业培训，提高期货从业人员的职业道德和专业素质。

12. 【答案】 B

【解析】《期货公司风险监管指标管理办法》第十二条规定，期货公司计算净资本时，可以将"期货风险准备金"等有助于增强抗风险能力的负债项目加回。

13. 【答案】 A

【解析】根据《期货市场客户开户管理规定》第二十三条的规定，题干表述正确。

14. 【答案】 A

【解析】《关于建立金融期货投资者适当性制度的规定》第四条规定，中金所、中期协对期货公司执行投资者适当性制度的情况进行自律管理。

15. 【答案】 B

【解析】《期货交易所管理办法》第十九条规定，会员大会是会员制期货交易所的权力机构，由全体会员组成。

16. 【答案】 A

【解析】《期货公司金融期货结算业务试行办法》第二十六条规定，全面结算会员期货公司应当建立并执行当日无负债结算制度。

17. 【答案】 B

【解析】《期货投资者保障基金管理暂行办法》第二十二条规定，对投资者因参与非法期货交易而遭受的保证金损失，保障基金不予补偿。对机构投资者以个人名义参与期货交易的，按照机构投资者补偿规则进行补偿。

18. 【答案】 B

【解析】《期货公司金融期货结算业务试行办法》第十八条规定，非结算会员的客户申请或者注销其交易编码的，由非结算会员按照期货交易所的规定办理。

19. 【答案】 A

【解析】《期货交易管理条例》第八十一条规定，标准仓单是指交割仓库开具并经期货交易所认定的标准化提货凭证。

20. 【答案】 A

【解析】《期货公司董事、监事和高级管理人员任职资格管理办法》第四十条规定，期货公司董事、监事和高级管理人员的近亲属在期货公司从事期货交易的，有关董事、监事和高级管理人员应当在知悉或者应当知悉之日起 5 个工作日内向公司报告，并遵循回避原则。

四、综合题

1. 【答案】 C

【解析】《期货公司期货投资咨询业务试行办法》第七条规定，期货公司申请期货投资咨询业务资格，应当提交申请日前 6 个月的期货公司风险监管报表。

2. 【答案】 A

【解析】《期货交易管理条例》第八十一条规定，保证金是指期货交易者按照规定交纳的资金或者提交的价值稳定、流动性强的标准仓单、国债等有价证券，用于结算和保证履约。据此，我们可以首先界定在该案例中，刘某存入的 5000 万元为保证金。《期货交易管理条例》第二十八条规定,期货公司向客户收取的保证金,属于客户所有,除下列可划转的情形外,严禁挪作他用:①依据客户的要求支付可用资金;②为客户交存保证金,支付手续费、税款;③国务院期货监督管理机构规定的其他情形。期货公司营业部经理李某擅自利用客户刘某开户存入的5000万元的行为并非第二十八条中规定的三种情形,是挪用客户保证金的违规行为。

3.【答案】 BCD

【解析】《证券公司为期货公司提供中间介绍业务试行办法》第五条规定,选项B、C、D属于证券公司申请介绍业务资格应具备的条件。证券公司在申请日前6个月的各项风险控制指标应符合规定标准,故选项A错误。

4.【答案】 B

【解析】《期货交易管理条例》第六十六条规定,期货公司允许客户在保证金不足的情况下进行期货交易的,责令改正,给予警告,没收违法所得,并处违法所得1倍以上3倍以下的罚款,没有违法所得或者违法所得不满10万元的,并处10万元以上30万元以下的罚款。

5.【答案】 BD

【解析】《期货公司首席风险官管理规定(试行)》第二十四条规定,首席风险官发现期货公司有下列违法违规行为或者存在重大风险隐患的,应当立即向公司住所地中国证监会派出机构报告,并向公司董事会和监事会报告:①涉嫌占用、挪用客户保证金等侵害客户权益的;②期货公司资产被抽逃、占用、挪用、查封、冻结或者用于担保的;③期货公司净资本无法持续达到监管标准的;④期货公司发生重大诉讼或者仲裁,可能造成重大风险的;⑤股东干预期货公司正常经营的;⑥中国证监会规定的其他情形。

6.【答案】 B

【解析】《期货交易所管理办法》第七十八条规定,期货交易所应当按照手续费收入的20%的比例提取风险准备金。因此,该期货交易所应提取的风险准备金为1000万元。

7.【答案】 ABCD

【解析】《期货交易管理条例》第八十一条规定,内幕信息的知情人员,是指由于其管理地位、监督地位或者职业地位,或者作为雇员、专业顾问履行职务,能够接触或者获得内幕信息的人员,包括:期货交易所的管理人员以及其他由于任职可获取内幕信息的从业人员,国务院期货监督管理机构和其他有关部门的工作人员以及国务院期货监督管理机构规定的其他人员。据此,可以断定本案例中李某属于"知情人士",按照相关规定,不得向外透露期货交易的内幕,选项A正确。根据《中华人民共和国刑法》的相关规定,本案例中,李某的行为符合商业受贿行为的相关要件,选项B正确。根据《期货公司董事、监事和高级管理人员任职资格管理办法》第六十二条、第六十三条的规定,选项C、D正确。

8.【答案】 ABCD

【解析】《金融期货投资者适当性制度实施办法》第四条规定,期货公司会员为符合下列标准的一般单位客户申请开立交易编码:①申请开户时保证金账户可用资金余额不低于人民币50万元;②相关业务人员具备金融期货基础知识,通过相关测试;③具有累计10个交易日、20笔以上(含)的金融期货仿真交易成交记录;或者最近3年内具有10笔以上的商品期货交易成交记录；④不存在严重不良诚信记录；不存在法律、行政法规、规章和交易所业务规则禁止或者限制从事金融期货交易的情形。

9.【答案】　B

【解析】《期货从业人员执业行为准则（修订）》第四十三条规定，期货从业人员受到训诫、公开谴责和暂停从业资格的纪律惩戒的，应当参加期货业协会组织的专项后续职业培训。

10.【答案】　B

【解析】《期货交易所管理办法》第一百条规定，期货交易所的工作人员履行职务，遇有与本人或者其亲属有利害关系的情形时，应当回避。

11.【答案】　C

【解析】《期货公司监督管理办法》第四十二条规定，董事长和总经理不得由一人兼任。

12.【答案】　AC

【解析】《期货公司监督管理办法》第七十一条规定，客户应当向期货公司登记以本人名义开立的用于存取保证金的结算账户。期货公司和客户应当通过备案的期货保证金账户和登记的期货结算账户转账存取保证金。

13.【答案】　CD

【解析】《期货公司董事、监事和高级管理人员任职资格管理办法》第二十三条规定，推荐人应当是任职1年以上的期货公司现任董事长、监事会主席或者经理层人员。拟任人不具有期货从业经历的，推荐人中可有1名是其原任职单位的负责人。拟任人为境外人士的，推荐人中可有1名是拟任人曾任职的境外期货经营机构的经理层人员。

14.【答案】　ACD

【解析】《期货从业人员执业行为准则（修订）》第四十三条规定，从业人员受到训诫、公开谴责和暂停从业资格的纪律惩戒的，应当参加协会组织的专项后续职业培训。

15.【答案】　D

【解析】《期货公司监督管理办法》第十七条规定，期货公司变更股权有下列情形之一的，应当经中国证监会批准：①变更控股股东、第一大股东；②单个股东或者有关联关系的股东持股比例增加到100%；③单个股东的持股比例或者有关联关系的股东合计持股比例增加到5%以上，且涉及境外股东的。除前款规定情形外，期货公司单个股东的持股比例或者有关联关系的股东合计持股比例增加到5%以上，应当经期货公司住所地中国证监会派出机构批准。

16.【答案】　A

【解析】《最高人民法院关于审理期货纠纷案件若干问题的规定》第三十条规定，期货公司进行混码交易的，客户不承担责任，但期货公司能够举证证明其已按照客户交易指令入市交易的，客户应当承担相应的交易结果。

17.【答案】　AD

【解析】《期货公司董事、监事和高级管理人员任职资格管理办法》第十一条和第十二条规定，申请经理层人员的任职资格，应当具备下列条件：①具有期货从业人员资格；②具有大学本科以上学历或者取得学士以上学位；③通过中国证监会认可的资质测试。申请总经理、副总经理的任职资格，除具备第十一条规定条件外，还应当具备下列条件：①具有从事期货业务3年以上经验，或者其他金融业务4年以上经验，或者法律、会计业务5年以上经验；②担任期货公司、证券公司等金融机构部门负责人以上职务不少于2年，或者具有相当职位管理工作经历。

18. 【答案】　D

【解析】《期货交易管理条例》第六十七条规定，期货公司不按照规定接受客户委托或者不按照客户委托内容擅自进行期货交易的，责令改正，给予警告，没收违法所得，并处违法所得1倍以上5倍以下的罚款；没有违法所得或者违法所得不满10万元的，并处10万元以上50万元以下的罚款；情节严重的，责令停业整顿或者吊销期货业务许可证。

19. 【答案】　AD

【解析】《金融期货投资者适当性制度操作指引（试行）》第十七条规定，法人投资者申请开户，净资产应当不低于人民币100万元。投资者应当提供加盖公章的上一年度资产负债表或者距申请开户日期不超过3个月的月度资产负债表作为净资产证明。

20. 【答案】　D

【解析】《最高人民法院关于审理期货纠纷案件若干问题的规定》第二十四条规定，期货公司超出客户指令价位的范围，将高于客户指令价格卖出或低于客户指令价格买入后的价差利益占为己有的，客户要求期货公司返还的，人民法院应予支持，期货公司与客户另有约定的除外。

全国期货从业人员执业资格考试热题库

《期货法律法规》模拟试卷（三）

一、单项选择题（共 60 题，每小题 0.5 分，共 30 分）以下备选项中只有一项最符合题目要求，不选、错选均不得分。

1. 国务院期货监督管理机构应当在受理期货公司设立申请之日起（　　）个月内，根据审慎监管原则进行审查，作出批准或者不批准的决定。
   A. 3　　　　　　　B. 6　　　　　　　C. 9　　　　　　　D. 12

2. 对于因财务状况恶化、风险控制不力等存在较高风险的期货公司，应当按照较高比例缴纳期货投资者保障基金，各期货公司的具体缴纳比例由（　　）根据期货公司风险状况确定。
   A. 财政部　　　　　　　　　　　B. 中国证监会
   C. 期货交易所　　　　　　　　　D. 期货公司保证金监控中心

3. 会员制期货交易所（　　）以上会员联名提议，应当召开临时会员大会一
   A. 1/4　　　　　　B. 1/3　　　　　　C. 1/5　　　　　　D. 1/6

4. 期货业协会的性质是（　　）。
   A. 企业法人　　　B. 事业单位　　　C. 国家机关　　　D. 社会团体法人

5. 期货公司申请设立分支机构，应当未因涉嫌违法违规经营正在被有权机关调查，近（　　）内未因违法违规经营受到行政处罚或者刑事处罚。
   A. 2 年　　　　　B. 6 个月　　　　C. 1 年　　　　　D. 3 个月

6. 期货投资者保障基金的使用遵循（　　）原则，实行比例补偿。
   A. 公开、公平、公正　　　　　　B. 取之于市场、用之于市场
   C. 保障投资者合法权益和公平救助　　D. 合理、有效

7. 发生以下（　　）情形的，期货交易所应当解散。
   A. 中国期货业协会请求解散　　　　B. 总经理决定解散
   C. 会员数量少于规定的最低数量　　D. 会员大会或者股东大会决定解散

8. 下列属于会员制期货交易所理事会职权的是（　　）。
   A. 任免期货交易所总经理　　　　　B. 选举和更换会员理事
   C. 决定会员的接纳和退出　　　　　D. 决定解散期货交易所

9. 下列不属于期货交易所职责的是（　　）。
   A. 监督指定交割仓库的期货业务　　B. 发布市场信息
   C. 对保证金安全存管实施监控　　　D. 制定并实施交易规则及其实施细则

10. 下列关于期货公司股东会的表述，错误的是（　　）。
    A. 期货公司股东会作出决议后的 3 个工作日内，应当向中国证监会备案

B. 期货公司股东按照出资比例或者所持股份比例行使表决权

C. 期货公司股东会每年应当至少召开一次会议

D. 期货公司股东会应当按照《公司法》和公司章程，对职权范围内的事项进行审议和表决

11. 期货公司应当切实保障监事会和监事对公司经营情况的（　　）。
    A. 经营权　　　　B. 决策权　　　　C. 报告权　　　　D. 知情权

12. 下列关于期货公司首席风险官的表述，错误的是（　　）。
    A. 首席风险官对期货公司经营管理行为的合法合规性进行监督、检查
    B. 期货公司可以根据公司风险管理的需要决定是否设立首席风险官岗位
    C. 首席风险官对期货公司的风险管理进行监督、检查
    D. 首席风险官向期货公司董事会负责

13. 期货公司董事长、总经理、首席风险官在失踪、死亡、丧失行为能力等特殊情形下不能履行职责的，期货公司可以按照公司章程等规定临时决定由符合相应任职资格条件的人员代为履行职责，代为履行职责的时间不得超过（　　）个月。
    A. 3　　　　B. 6　　　　C. 2　　　　D. 12

14. 下列条件中，不属于申请期货公司营业部负责人任职资格必须具备的条件的是（　　）。
    A. 具有期货从业人员资格
    B. 具有大学本科以上学历或者取得学士以上学位
    C. 通过中国证监会认可的资质测试
    D. 具有从事期货业务3年以上经验，或者其他金融业务4年以上经验

15. 期货公司的下列人员中，任职资格自离任之日起失效的是（　　）。
    A. 副总经理　　B. 总经理　　C. 首席风险官　　D. 董事长

16. 中国期货业协会依法对期货从业人员实行（　　）。
    A. 自律管理　　B. 备案管理　　C. 全面管理　　D. 监督管理

17. 依法负责组织期货从业资格考试的机构是（　　）。
    A. 期货保证金安全存管监控机构　　B. 中国期货业协会
    C. 期货交易所　　　　　　　　　　D. 中国证监会

18. 参加期货从业资格考试的，应当具有（　　）。
    A. 大学本科以上文化程度　　　　　B. 高中以上文化程度
    C. 大学经济、投资等相关本科学历　D. 初中以上文化程度

19. 首席风险官开展工作应当制作并保留工作底稿和工作记录，且工作底稿和工作记录至少保存（　　）年。
    A. 3　　　　B. 5　　　　C. 10　　　　D. 20

20. 小李为A期货公司的首席风险官，因履行职务不当被免职，则下列说法错误的是（　　）。
    A. 董事会应当提前通知小李
    B. 董事会应将免职理由、小李履行职责情况书面报告公司股东大会

C. 小李有权向公司住所地中国证监会派出机构解释说明情况
D. 董事会在决定免除首席风险官职务时，应当同时确定拟任人选或者代行职责人选

21. 首席风险官发现期货公司经营管理行为的合法合规性、风险管理方面问题的，应及时向（　　）提出整改意见。
    A. 董事长   B. 监事会
    C. 总经理或者相关负责人   D. 期货公司

22. 根据《期货公司风险监管指标管理办法》，期货公司应当按照企业会计准则的规定确认预计负债，并在计算净资本时对负债项下的"预计负债"做如下（　　）处理。
    A. 全额加回   B. 按照一定比例加回
    C. 全额扣减   D. 无需进行风险调整

23. 根据《期货公司风险监管指标管理办法》，期货公司应当按照企业会计准则的规定确认预计会计准则的规定确认预计负债。有证据表明期货公司未能准确确认预计负债的，中国证监会派出机构应当要求期货公司做出如下（　　）处理。
    A. 核减净资产金额   B. 核增净资本金额
    C. 核增净资产金额   D. 核减净资本金额

24. 为保障期货公司具有快速资本补充机制，根据《期货公司风险监管指标管理办法》，以下可以按照一定比例计入净资本的负债项目是（　　）。
    A. 期货公司的短期借款
    B. 期货公司向股东或者其关联企业借入的短期借款
    C. 期货公司向股东或者其关联企业借入的具有次级债务性质的长期借款
    D. 期货公司的长期借款

25. 证券公司从事期货中间介绍业务的专业人员必须具备（　　）。
    A. 期货投资咨询资格   B. 证券投资咨询资格
    C. 期货从业人员资格   D. 证券销售从业人员资格

26. 证券公司为期货公司从事中间介绍业务的，可以从事以下（　　）行为。
    A. 利用客户交易编码进行期货交易   B. 代客户交存保证金
    C. 代客户接收交易密码   D. 向客户提示风险

27. A客户通过证券公司介绍在期货公司开户，基于期货经纪合同产生的责任应由（　　）对客户承担。
    A. 证券公司与期货公司共同   B. 证券公司或期货公司
    C. 期货公司   D. 证券公司

28. 根据《期货市场客户开户管理规定》，（　　）负责对期货公司提交的客户资料进行复核。
    A. 中国期货业协会   B. 期货交易所
    C. 中国期货保证金监控中心   D. 中国证监会派出机构

29. 根据《期货市场客户开户管理规定》，（　　）负责对客户交易编码进行分配、发

放和管理。
A. 期货公司
B. 期货交易所
C. 中国期货保证金监控中心
D. 中国期货业协会

30. 根据《期货市场客户开户管理规定》，中国期货保证金监控中心应当为每一个客户设立（　　）。
A. 结算账户
B. 交易编码
C. 资金账号
D. 统一开户编码

31. 为提高期货从业人员的职业道德和专业素质，中国期货业协会应当组织（　　）。
A. 年度检查
B. 后续职业培训
C. 资格考核
D. 资格公示

32. 按照期货保证金安全存管规定，期货公司应当向（　　）报送期货资产管理账户的数据信息。
A. 中国证监会
B. 期货交易所
C. 监控中心
D. 中国期货业协会

33. 完善客户纠纷处理机制，及时化解相关矛盾纠纷的主体是（　　）。
A. 中金所
B. 证监会
C. 证券公司
D. 期货公司

34. 制定投资者适当性制度的具体标准和实施指引的主体是（　　）。
A. 中国期货业协会
B. 中金所
C. 中国证监会
D. 期货公司

35. 期货公司开展期货投资咨询业务，（　　）了解客户的身份、财务状况、投资经验等情况。
A. 应当事前
B. 应当事中
C. 应当事后
D. 无需

36. 下列关于期货公司提供研究分析服务的表述，错误的是（　　）。
A. 期货公司应当采取有效措施，防止研究分析人员以及公司内部其他人员利用研究报告、资讯信息谋取不当利益
B. 期货公司应当建立研究分析报告和资讯信息的审阅、管理及使用机制
C. 期货公司应当采取有效措施，保证研究分析人员按照董事会和业务负责人的意见形成研究分析意见和结论
D. 期货公司应当公平对待委托客户

37. 下列关于期货公司提供交易咨询服务的表述，错误的是（　　）。
A. 期货公司应当就市场行情做出确定性判断，以利于客户做出投资决策
B. 期货公司提供的投资方案或者期货交易策略应当以本公司的研究报告、合法取得的研究报告、相关行业信息资料以及公开发布的相关信息等为主要依据
C. 期货公司应当向客户明示有无利益冲突，提示潜在的市场变化和投资风险
D. 期货公司应当告知客户自主做出期货交易决策，独立承担期货交易后果，并不得泄露客户的投资决策计划信息

38. 中国证监会自受理期货公司资产管理业务试点资格申请之日起（　　）个月内，作出批准或不批准的决定。
A. 1
B. 2
C. 3
D. 6

39. 期货公司开展资产管理业务的，单一客户的起始委托资金不得低于人民币（　　）

万元。
A. 10　　　　　　B. 50　　　　　　C. 100　　　　　　D. 300

40. 下列人员中不得作为期货公司本公司资产管理业务客户的是（　　）。
    A. 期货公司董事的父母　　　　　　B. 期货公司董事的配偶
    C. 期货公司董事的关联人　　　　　D. 期货公司股东

41. 《期货从业人员执业行为准则（修订）》中所称机构不包括（　　）。
    A. 为期货公司提供中间介绍业务的机构
    B. 期货投资咨询机构
    C. 期货公司
    D. 期货交易所

42. 期货从业人员在执业过程中应当以专业的技能，以小心谨慎、勤勉尽责和独立客观的态度为投资者提供服务，并（　　）。
    A. 保证投资者满意　　　　　　B. 最大限度维护投资者利益
    C. 维护投资者的合法权益　　　D. 为投资者创造最大权益

43. 期货投资咨询机构的期货从业人员可以从事的行为是（　　）。
    A. 为客户设计投资方案，并对客户账户盈亏作出承诺或者保证
    B. 代理客户从事期货交易
    C. 以本人或者他人名义从事期货交易
    D. 向客户提供专业服务时，充分揭示期货交易风险

44. 期货从业人员的下述做法中，不符合金融期货投资者适当性制度要求的是（　　）。
    A. 审慎评估投资者的诚信状况和风险承受能力
    B. 与投资者共同完成金融期货基础知识测试，以使其满足适当性标准要求
    C. 全面客观介绍金融期货法律法规、业务规则和产品特征
    D. 向投资者充分揭示金融期货风险

45. 期货公司会员单位执行投资者适当性制度时应遵循的原则是（　　）。
    A. 买卖自负
    B. 利润最大化
    C. 将适当的产品销售给适当的投资者
    D. 外控合规

46. 根据《期货公司执行金融期货投资者适当性制度管理规则（修订）》，期货业协会实施纪律惩戒的对象（　　）。
    A. 仅指会员单位
    B. 仅指期货从业人员
    C. 既包括会员单位，也包括期货从业人员
    D. 既不包括会员单位，也不包括期货从业人员

47. 根据《刑法修正案》，擅自设立期货公司，情节严重的，受到的刑罚应为（　　）。
    A. 十年以上有期徒刑
    B. 三年以上十年以下有期徒刑，并处五万元以上五十万元以下罚金

C. 拘役

D. 三年以下有期徒刑，并处或者单处二万元以上二十万元以下罚金

48. 隐匿或者故意销毁依法应当保存的会计凭证、会计账簿、财务会计报告，情节严重的，处（　　）年以下有期徒刑或者拘役，并处或者单处二万元以上二十万元以下罚金。

　　A. 一　　　　　B. 三　　　　　C. 五　　　　　D. 七

49. 小李是 A 期货公司的经理，与小王是好友，一日小李邀请小王到他家做客，小王来到小李的书房无意间看到小李的公司文件，发现有一期货交易将会使其大大获利，于是偷偷记下了这个交易名称，第二天进行该交易获利 10 万元。则小李的行为（　　）。

　　A. 不构成犯罪　　　　　　　　　　B. 构成内幕交易罪

　　C. 构成泄露内幕信息罪　　　　　　D. 构成侵犯商业秘密罪

50. 编造并且传播影响证券、期货交易的虚假信息，扰乱证券、期货交易市场，造成严重后果的，处五年以下有期徒刑或者拘役，并处或者单处（　　）罚金。

　　A. 一万元以上十万元以下　　　　　B. 二万元以上二十万元以下

　　C. 三万元以上十万元以下　　　　　D. 五万元以上五十万元以下

51. 期货交易所、期货经纪公司的工作人员利用职务上的便利，挪用本单位或者客户资金归个人使用或者借贷给他人，数额较大、超过 3 个月未还的，构成（　　）。

　　A. 盗窃罪　　　B. 贪污罪　　　C. 挪用资金罪　　　D. 职务侵占罪

52. 根据《刑法修正案（六）》，对金融机构擅自运用客户资金罪，下列表述正确的是（　　）。

　　A. 情节特别严重的，处三年以上十年以下有期徒刑，并处一万元以上十万元以下罚金

　　B. 期货公司违背受托义务，擅自运用客户资金为自己进行股票投资的，会构成犯罪

　　C. 只对单位和对其直接负责的主要人员处罚，不对其他直接责任人员进行处罚

　　D. 期货交易所不属于该罪规定的主体

53. 银行或者其他金融机构的工作人员吸收客户资金不入账，数额巨大或者造成重大损失的，（　　）。

　　A. 处三年以上有期徒刑　　　　　　B. 处五年以下有期徒刑或者拘役

　　C. 处三年以下有期徒刑或者拘役　　D. 处五年以上有期徒刑

54. 丙受聘担任 N 公司副总工程师期间，将属于 N 公司商业秘密的某种染料生产工艺流程和某种染料的 3 个结构式披露给乙，乙当即送给丙 5 万元。乙仅按丙提供的某种染料的工艺流程作了小试，即案发。经评估、鉴定，该染料生产工艺专有技术及应用于相关 6 个品种的资产收益评估值为 387 万元，该染料研制开发费用为 300 万元。关于本案，下列说法正确的是（　　）。

　　A. 丙的行为构成公司企业人员受贿罪和侵犯商业秘密罪

　　B. 丙的行为构成受贿罪和侵犯商业秘密罪

C. 丙的行为构成侵犯商业秘密罪

D. 丙的行为构成非国家工作人员受贿罪

55. 人民法院审理期货侵权纠纷和无效的期货交易合同纠纷案件时，确定民事责任的主要原则是当事人是否（　　）。

   A. 有损失　　　　B. 违法　　　　C. 有过错　　　　D. 提起诉讼

56. 期货公司的从业人员在本公司经营范围内从事期货业务行为产生的民事责任，由（　　）承担。

   A. 从业人员本人　　　　　　　　B. 直接负责的主管人员

   C. 期货公司总经理　　　　　　　D. 期货公司

57. 下列情形中，应认定期货经纪合同无效的是（　　）。

   A. 未取得金融期货经纪业务资格的期货公司从事金融期货业务

   B. 期货公司与客户签订合同后，未及时向中国期货业协会备案

   C. 期货经纪合同约定的手续费低于经营成本

   D. 期货经纪合同的格式不符合中国期货业协会的要求

58. 实行会员分级结算制度的期货交易所的结算会员为债务人的，债权人可以请求人民法院冻结、划拨以下（　　）账户中的资金或者有价证券。

   A. 期货交易所依法向结算会员收取的结算担保金

   B. 结算会员自有账户中的资金

   C. 非结算会员向结算会员提交的用于充抵保证金的有价证券

   D. 非结算会员在结算会员保证金账户中的资金

59. 金融期货投资者适当性制度中的特殊法人不包括（　　）。

   A. 基金管理公司　　　　　　　　B. 合格境外机构投资者

   C. 证券公司　　　　　　　　　　D. 外资企业

60. 期货公司对投资者进行金融期货开户测试时，（　　）和投资者应当在测试试卷上签字。

   A. 客户开发人员　　　　　　　　B. 营业部负责人

   C. 开户知识测试人员　　　　　　D. 期货居间人

二、多项选择题（共40题，每小题1分，共40分）以下备选项中有两项或两项以上符合题目要求，多选、少选、错选均不得分。

1. 从事期货交易活动，应当遵循以下哪些原则？（　　）

   A. 诚实信用原则　　B. 公正原则　　C. 公平原则　　D. 公开原则

2. 国务院期货监督管理机构派出机构履行监督管理职责的依据有（　　）。

   A.《期货交易管理条例》的有关规定　　B. 国务院期货监督管理机构的授权

   C. 期货交易所的授权　　　　　　　　D. 中国期货业协会的授权

3. A期货公司因严重违法导致保证金出现缺口，中国证监会决定使用保障基金，对不能清偿的投资者保证金损失予以补偿。丁个人投资者的保证金损失了5万元，乙个人投资者的保证金损失了10万元，丙机构投资者的保证金损失了300万元，那么对

丁、乙、丙投资者应得到的保障基金补偿，下列说法正确的有（   ）。
   A. 丁应得到 5 万元补偿   B. 乙应得到 10 万元补偿
   C. 丙应得到 240 万元补偿   D. 丙应得到 242 万元补偿

4. 使用期货投资者保障基金前，（   ）应当监督期货公司核实投资者保证金权益及损失。
   A. 财政部   B. 中国证监会
   C. 期货投资者保障基金管理机构   D. 期货交易所

5. 下列关于客户委托关系终止相关内容的表述，正确的有（   ）。
   A. 经客户同意，期货公司可以将客户未注销的交易编码借给他人使用
   B. 期货公司不得将客户未注销的资金账号借给他人使用
   C. 有关开户、变更、销户的客户资料档案应当自期货经纪合同签订之日起至少保存 20 年
   D. 客户与期货公司的委托关系终止的，应当办理相关的销户手续

6. 下列关于客户保证金存取的表述，正确的有（   ）。
   A. 期货公司和客户应当通过备案的期货保证金账户和登记的期货结算账户转账存取保证金
   B. 客户应当向期货公司登记以本人名义开立的用于存取保证金的期货结算账户
   C. 客户只能以转账的方式存取保证金
   D. 期货公司和客户应当通过中国期货业协会指定的账户存取保证金

7. 期货公司年度报告应当由期货公司的（   ）签署确认意见。
   A. 董事   B. 首席风险官   C. 监事   D. 财务负责人

8. 期货公司股东、实际控制人或者其他关联人，为期货公司提供相关服务的律师事务所、会计师事务所等中介服务机构涉嫌违反《期货公司监督管理办法》有关规定的，中国证监会及其派出机构可以对其采取下列（   ）措施。
   A. 监管谈话   B. 责令改正   C. 出具警示函   D. 给予行政处分

9. 证券公司从事中间介绍业务的工作人员不得（   ）。
   A. 收付期货保证金   B. 划转期货保证金
   C. 代理客户从事期货交易   D. 协助办理开户手续

10. 下列关于期货从业人员管理的表述，错误的有（   ）。
    A. 期货从业人员自律管理的办法，由中国证监会制订，中国期货业协会具体执行
    B. 中国期货业协会应当建立期货从业人员信息数据库
    C. 期货公司负责及时更新本公司期货从业人员从业资格注册等信息
    D. 期货从业人员可以自愿参加后续职业培训

11. 下列关于期货公司首席风险官的表述，正确的有（   ）。
    A. 首席风险官对期货公司的风险管理进行监督、检查
    B. 首席风险官对期货公司经营管理行为的合法合规性进行监督、检查
    C. 期货公司可以根据公司风险管理的需要决定是否设立首席风险官岗位
    D. 首席风险官向期货公司董事会负责

12. 期货公司董事会拟免除风险官职务时,应当按规定将(   )书面报告监管部门。
    A. 公司内部合规经营和风险管理情况   B. 替代人选名单
    C. 首席风险官履行职责情况   D. 免职理由

13. 首席风险官应当按时参加中国证监会组织或者认可的培训,如果首席风险官(   ),中国证监会及其派出机构可以采取监管谈话,出具警示函等监管措施。
    A. 某次培训缺席   B. 连续两次培训考试成绩不合格
    C. 连续两次不参加培训   D. 某次培训考试成绩不合格

14. 下列有关非结算会员客户的持仓达到期货交易所规定的持仓报告标准后的报告义务的表述,正确的有(   )。
    A. 客户应当直接向期货交易所报告
    B. 客户未报告的,非结算会员依法应当通过全面结算会员向期货交易所报告
    C. 客户未报告的,非结算会员依法应当向期货交易所报告
    D. 客户应当通过非结算会员向期货交易所报告

15. 下列关于结算担保金的表述,正确的有(   )。
    A. 交易结算会员期货公司应当以自有资金向期货交易所缴纳结算担保金
    B. 全面结算会员期货公司应当以自有资金向期货交易所缴纳结算担保金
    C. 全面结算会员期货公司不得向非结算会员收取结算担保金
    D. 全面结算会员期货公司可以向非结算会员收取结算担保金

16. 期货公司被期货交易所(   )的,应当在收到期货交易所的通知文件之日起3个工作日内向期货公司住所地的中国证监会派出机构报告。
    A. 接纳为会员   B. 要求追加保证金
    C. 暂停会员资格   D. 终止会员资格

17. 根据《期货公司风险监管指标管理办法》,在计算期货公司净资本时需要考虑的调整项目包括(   )。
    A. 负债调整值   B. 客户未足额追加的保证金
    C. 资产调整值   D. 客户权益

18. 客户保证金未足额追加的,按照《期货公司风险监管指标管理办法》的规定,期货公司应当(   )。
    A. 客户保证金在报表报送日之前已足额追加的,期货公司可以在报表附注中说明
    B. 在计算符合规定的最低限额的结算准备金时,相应扣除未追加的保证金金额
    C. 按照分类及流动性情况进行风险调整
    D. 相应调减净资本

19. 根据《期货公司风险监管指标管理办法》,期货公司应当在净资本计算表的附注中,充分披露期末未决仲裁的(   )。
    A. 性质
    B. 形成原因
    C. 进展情况
    D. 可能发生的损失和预计损失的会计处理情况

20. 根据《期货市场客户开户管理规定》，中国期货保证金监控中心应当对期货公司报送保证金监控系统与统一开户系统的（　　）进行一致性复核。
   A. 期货结算账户　　　　　　　　　B. 交易编码
   C. 内部资金账户　　　　　　　　　D. 客户姓名或者名称

21. 根据《期货市场客户开户管理规定》，中国期货保证金监控中心在复核中发现存在以下哪些情况的，应当退回客户交易编码申请？（　　）
   A. 客户资料不符合实名制要求
   B. 客户交易编码申请表及相关资料格式不正确
   C. 客户没有期货交易的经历
   D. 客户交易编码申请表及相关资料内容不完整

22. 根据《期货市场客户开户管理规定》，下列关于中国期货保证金监控中心接到期货公司的客户交易编码注销申请后行为的表述，错误的有（　　）。
   A. 于下一个交易日转发给相关期货交易所
   B. 进行审核，审核通过后在统一开户系统中直接注销
   C. 于当日转发给相关期货交易所
   D. 进行审核，审核通过后由期货交易所注销

23. 根据《期货市场客户开户管理规定》，期货公司发生下列哪些情况时，期货交易所应当及时通知中国期货保证金监控中心？（　　）
   A. 会员分级结算关系变更
   B. 会员资格转让
   C. 会员号变更
   D. 交易编码申请权限受到期货交易所限制

24. 根据《关于建立金融期货投资者适当性制度的规定》，自然人投资者应当全面评估自身的（　　），审慎决定是否参与金融期货交易。
   A. 产品认知能力　　　　　　　　　B. 生理及心理承受能力
   C. 风险控制能力　　　　　　　　　D. 经济实力

25. 严格落实《关于建立金融期货投资者适当性制度的规定》的各项工作要求时，各机关应当遵循（　　）的原则。
   A. 统一领导　　B. 各司其职　　C. 各负其责　　D. 加强协作

26. 制定投资者适当性制度的具体标准和实施指引时需要考虑的因素包括（　　）。
   A. 投资者的经济实力　　　　　　　B. 金融期货产品认知能力
   C. 投资者的获利能力　　　　　　　D. 投资经历

27. 期货公司及其从业人员在开展期货投资咨询服务时，不得从事的行为包括（　　）。
   A. 向客户做获利保证，或者约定分享收益或共担风险
   B. 以个人名义收取服务报酬
   C. 以虚假信息、市场传言或者内幕信息为依据向客户提供期货投资咨询服务
   D. 接受客户委托代为从事期货交易

28. 期货公司开展期货投资咨询业务，应当事前了解客户的身份、财务状况、投资经验

等情况,认真评估客户的( ),并以书面和电子形式保存客户相关信息。
   A. 服务能力　　　　　　　　　　B. 服务需求
   C. 风险承受能力　　　　　　　　D. 风险偏好

29. 期货公司提供的投资方案或者期货交易策略应当以( )为主要依据。
   A. 本公司的研究报告　　　　　　B. 合法取得的研究报告
   C. 相关行业信息资料　　　　　　D. 公司尚未公开发布的相关信息

30. 根据《期货从业人员执业行为准则(修订)》,不得以排挤竞争对手为目的,低于( )收取手续费。
   A. 行业自律标准　　　　　　　　B. 市场平均标准
   C. 经营成本　　　　　　　　　　D. 中国证监会规定标准

31. 下列关于期货从业人员在执业过程中获利的说法,错误的有( )。
   A. 在执业过程中不得以获取利益为目的
   B. 在执业过程中获取的利益应当退还
   C. 在执业过程中获取的不正当利益应当退还
   D. 在执业过程中应严格自律,不做违法违规行为

32. 按照金融期货投资者适当性制度的要求,期货公司在开户环节应当完成的工作有( )。
   A. 向投资者全面客观介绍金融期货法规、业务规则和产品特征
   B. 向投资者充分揭示金融期货风险
   C. 测试投资者的金融期货基础知识
   D. 审核投资者开户申请材料,审慎评估投资者的诚信状况和风险承受能力

33. 会员单位在完善期货经纪业务管理方面可以采取的措施有( )。
   A. 加强对投资者交易行为的合法合规性管理
   B. 督促投资者遵守与金融期货交易相关的法律、法规、部门规章
   C. 持续开展投资者风险教育
   D. 测试投资者的金融期货基础知识

34. 根据《刑法修正案》,下列关于证券、期货内幕交易、泄露内幕信息罪表现形式的表述中,正确的有( )。
   A. 非法获取期货交易内幕信息的人员,在涉及对期货交易有重大影响的信息尚未公开前从事与该内幕信息有关的期货交易,情节严重的
   B. 期货交易内幕信息的知情人员,在涉及对期货交易有重大影响的信息尚未公开前,泄露该信息,情节严重的
   C. 期货交易内幕信息的知情人员,在涉及对期货交易有重大影响的信息尚未公开前,从事与该内幕信息有关的期货交易,情节严重的
   D. 非法获取期货交易内幕信息的人员,在涉及对期货交易有重大影响的信息尚未公开前,泄露该信息,情节严重的

35. 根据《刑法修正案》,期货公司的从业人员存在下列哪些情形可能会构成诱骗投资者买卖证券、期货合约罪?( )

A. 故意提供虚假信息 　　　　　　B. 变造交易记录
C. 销毁交易记录 　　　　　　　　D. 伪造交易记录

36. 根据我国刑法规定，下列哪些机构，违背受托义务，擅自运用客户资料或者其他委托、信托的财产，情节严重的，对单位判处罚金，并对直接责任人员判处刑罚？（　　）
A. 期货公司　　B. 保险公司　　C. 证券公司　　D. 商业银行

37. 银行或者其他金融机构的工作人员违反规定，为他人出具（　　），情节严重的，处5年以下有期徒刑或者拘役；情节特别严重的，处5年以下有期徒刑。
A. 票据　　　　B. 存单　　　　C. 资信证明　　D. 信用证

38. 下列情形中，期货公司需承担举证责任的有（　　）。
A. 期货公司将交易结算结果通知给客户，客户否认收到上述通知的
B. 期货交易所通知期货公司追加保证金，期货公司否认收到上述通知的
C. 客户的交易指令是否入市交易
D. 期货公司向客户发出追加保证金的通知，客户否认收到上述通知的

39. 人民法院在保全或者执行会员资格费或者交易席位时，下列表述正确的有（　　）。
A. 在保全阶段，应当依法裁定不得转让该会员资格，同时停止该会员席位的使用
B. 在保全阶段，应当依法裁定不得转让该会员资格，但不得停止该会员交易席位的使用
C. 在执行阶段，不得停止该会员交易席位的使用
D. 在执行阶段，可以停止该会员交易席位的使用，依法采取强制措施转让交易席位

40. 期货公司会员违反投资者适当性制度情节严重的，交易所可以向（　　）提出行政处罚或者纪律处分建议。
A. 中金所理事会　　　　　　　　B. 中金所会员大会
C. 中国证监会　　　　　　　　　D. 中国期货业协会

三、判断题（共20题，每小题0.5分，共10分）正确的选A，错误的选B。不选、错选均不得分。

1. 国务院期货监督管理机构应当和其他国家或者地区的期货监督管理机构建立监督管理合作机制，实施跨境监督管理。（　　）
2. 期货投资者保障基金可以接受社会捐赠和其他合法财产。（　　）
3. 期货投资者保障基金应当实行独立核算，分别管理，并与保障基金管理机构管理的其他资产有效隔离。（　　）
4. 《〈期货经纪合同〉指引》由中国期货业协会制定。（　　）
5. 申请除董事长、监事会主席、独立董事以外的董事、监事的任职资格，应当具有大学本科以上学历。（　　）
6. 期货从业人员不得以本人名义从事期货交易。（　　）
7. 首席风险官任期届满前，期货公司董事会可以随时免除其职务。（　　）

8. 全面结算会员期货公司不得自行与非结算会员在结算协议中约定应予强行平仓的情形。（　　）

9. 根据《期货公司风险监管指标管理办法》，期货公司应当报送季度、半年度和年度风险监管报表。（　　）

10. 证券公司从事期货中间介绍业务，应当协助维护期货交易系统的稳定运行，保证期货交易数据传送的安全和独立。（　　）

11. 根据《期货市场客户开户管理规定》，期货公司在交易结算系统中维护的客户资料应当与报送统一开户系统的客户资料保持一致。（　　）

12. 期货公司应当建立客户资料档案，在任何情况下都应当为客户保密。（　　）

13. 申请从事期货投资咨询业务的期货公司应符合近5年内未因违法违规经营受到行政、刑事处罚，且不存在因涉嫌重大违法违规正被有权机关调查的情形。（　　）

14. 期货从业人员可以在客户不知情的情况下给客户代理人或者介绍人适当返还佣金。（　　）

15. 一位投资者在A公司开户，他只能委托A公司的从业人员提供服务，不应该委托其他期货经营机构或者从业人员提供服务。（　　）

16. 会员单位在开户时，应当向投资者充分揭示金融期货风险，全面客观介绍金融期货法律法规、业务规则和产品特征。（　　）

17. 单位犯证券、期货内幕交易、泄露内幕信息罪的，对单位判处罚金，并对其直接负责的主管人员和其他直接责任人员，处五年以下有期徒刑或者拘役。（　　）

18. 根据《刑法修正案（六）》，期货公司违背受托义务，擅自运用客户资金或者其他委托、信托的财产，情节严重的，对单位判处罚金。（　　）

19. 期货公司可以在合同中与客户约定，高于客户指令价格卖出或者低于客户指令价格买入后的差价利益归期货公司所有。（　　）

20. 人民法院在办理案件过程中，依法需要通过期货交易所、期货公司查询、冻结、划拨资金或者有价证券的，期货交易所、期货公司应当予以协助。（　　）

四、综合题（共20题，每小题1分，共20分）以下备选项中有一项或多项符合题目要求，不选、错选均不得分。

1. 根据相关规定，关于期货投资者保障基金的资金来源，以下说法正确的是（　　）。
   A. 期货公司按照代理交易额的5‰的统一标准缴纳
   B. 保险基金总额达到5亿元人民币的规模后，经批准，期货交易所、期货公司可以暂停缴纳保险基金
   C. 期货交易所按其向期货公司会员收取的交易手续费的3%缴纳
   D. 保险基金的规模、缴纳比例和缴纳方式，可根据期货市场发展状况、市场风险水平等情况予以调整

2. 客户丁将一笔1000万元的资金划入期货公司从事期货交易。根据上述材料，请回答以下问题。
   （1）期货公司可以存放丁保证金的账户包括（　　）。

A. 期货交易所专用结算账户　　　　B. 期货公司期货保证金账户
C. 客户登记的期货结算账户　　　　D. 期货公司自有资金账户

（2）一日，客户丁需从期货公司出金100万元，期货公司和客户应当通过（　　）账户进行转账。

A. 期货公司自有资金账户　　　　B. 客户登记的期货结算账户
C. 期货公司备案的期货保证金账户　　D. 期货交易所专用结算账户

3. A期货公司注册资本金为9000万元，丁公司出资460万元，为其第五大股东。后来，丁公司因欠乙公司货款，约定将其持有的期货公司股权抵交欠款，期货公司其他股东未持异议。抵债协议签订后的次日，乙公司以股东身份要求查阅公司会计账户，并要求公司向工商部门办理变更登记手续。下列表述中，正确的是（　　）。

A. 期货公司在办理工商变更登记手续后应当向证监会提交变更股权申请
B. 中国证监会可以责令乙公司限期转让股权
C. 乙公司持有的股权有表决权、但没有分红权
D. 乙公司持有的股权有分红权、但没有表决权

4. 期货从业人员李某（非管理人员）利用工作便利，了解到所在公司一些客户的交易信息，李某不仅自己利用客户的交易信息从事期货交易，还把信息透露给亲朋好友。期货公司了解到上述情形后，开除了李某。期货公司应当在对李某作出处分决定后向（　　）报告。

A. 中国证监会　　　　　　　　B. 期货交易所
C. 中国期货业协会　　　　　　D. 公司住所地中国证监会派出机构

5. 于某是A期货公司的期货从业人员。一日他对其客户吴某讲，近期大豆行情表现良好。价格肯定会上涨，吴某不相信。为了使吴某相信，于某谎称该信息是内部消息，绝对准确，于是客户吴某将其财产交由于某代管买入期货。但事实上，于某并没有买入期货。而是拿这笔资金去买股票，结果亏损，给吴某造成了重大损失。根据该案例，于某的行为违反了（　　）的规定。

A. 不得进行虚假宣传，诱骗客户参与期货交易
B. 不得代理客户从事期货交易
C. 不得挪用客户的期货保证金或者其他资产
D. 不得为客户提供期货相关信息

6. A期货公司任命王某为本公司的首席风险官。下列关于王某开展工作的做法，正确的是（　　）。

A. 与为期货公司提供审计服务的机构的有关人员进行谈话
B. 参加、列席相关会议
C. 对侵害客户合法权益的指令予以拒绝，必要时，应向股东会报告上述情况
D. 保存工作底稿和工作记录，相关记录至少保存至整改问题完全解决

7. A期货公司注册资本5000万元，董事长卢某在期货公司里面工作10余年，总经理李某曾经在证券公司里面任职达6年之久，副总经理于某在期货公司里从事期货业务已满5年，卢某、于某在期货公司里面连续担任董事长、副总经理分别达5年、4年

之久，卢某已经获得了期货从业人员资格。2016 年由于期货行情稳定，形势良好，该期货公司的资本迅速扩大，达到 1.5 亿元，于是该期货公司开始申请金融期货全面结算会员资格，但未被批准，其原因可能是（ ）。

A. 该期货公司董事长、总经理和副总经理中只有一人具有期货从业资格，不符合法律规定

B. 该期货公司注册资本不符合法律规定

C. 该期货公司董事长、总经理和副总经理的期货或者证券从业时间不符合规定

D. 该期货公司高级管理人员连续任职不符合规定

8. A 期货公司的期末报表显示，其净资本为 6000 万元一监管部门发现该公司报表存在以下问题：第一，公司使用部分闲置的自用资金用于申购新股，在期末时仍有 2000 万元处于申购新股冻结状态，公司未对这部分资金进行风险调整（申购新股资金的风险调整比例为 5%）；第二，公司资产负债表中的"期货风险准备金"为 200 万元，但公司在计算净资本时，未对该项目进行风险调整。在针对上述问题进行调整后，该公司的期末净资本实际为（ ）。

A. 5700 万元　　　　B. 5900 万元　　　　C. 6300 万元　　　　D. 6100 万元

9. 小刘对期货投资很感兴趣，决定去 A 期货公司开户进行期货交易。由于身份证件遗失，小刘持本人身份证复印件和单位的工作证件前往该公司开户，公司向小刘讲解了期货交易的过程和期货交易的风险，与小刘签订了《期货经纪合同》。下列关于开户的做法中错误的是（ ）。

A. 小刘可用妻子小张的身份证原件，代妻子开户

B. 期货公司审查身份证的复印件与工作证件照片、姓名相符，可以给小刘开户

C. 期货公司可先为小刘开户，持其身份证原件补办后，再补办身份审查程序

D. 未出具身份证原件，期货公司应当不予开户

10. A 期货公司结算部工作人员李某利用工作便利，了解到所在公司一些客户的交易信息，李某为牟取私利，利用获取的客户交易信息在另一家期货公司开户从事期货交易，还把信息透露给亲朋好友。李某违反的期货从业人员执业行为准则是（ ）。

A. 从业人员不得以个人名义参与期货交易

B. 从业人员应当保守投资者的商业秘密，不得泄露、传递给他人

C. 从业人员不得进行虚假宣传，诱骗客户参与期货交易

D. 从业人员应自觉抵制商业贿赂

11. A 期货公司财务部工作人员何某挪用客户 300 万元期货保证金，为其父亲进行股票交易，获利 30 万元，随后将挪用的 300 万元期货保证金返还。下列关于何某挪用期货保证金的刑事责任的表述，正确的是（ ）。

A. 何某挪用保证金的行为不构成犯罪，如挪用本单位资金则构成犯罪

B. 鉴于何某将所挪用的保证金予以返还，何某不承担刑事责任

C. 何某挪用保证金的行为属个人行为，独立承担刑事责任

D. 何某挪用保证金的行为属职务行为，构成单位犯罪

12. 某投资者丁向期货公司会员乙申请开立金融期货交易编码，乙对其进行了知识测试，丁没有通过测试，乙随即拒绝了丁的请求。根据上述事实，请回答以下问题。

   (1) 下列关于投资者申请金融期货交易编码的描述，正确的有（　　）。
   A. 投资者前一交易日日终保证金账户可用资金余额不低于人民币 100 万元
   B. 投资者保证金账户可用资金余额以期货公司会员收取的保证金标准作为计算依据
   C. 期货公司会员应当从保护投资者合法权益的角度出发，测试投资者是否具备参与金融期货交易必备的知识水平
   D. 期货公司会员客户开发人员可以兼任开户知识测试人员

   (2) 对于期货公司会员组织知识测试的过程及结果，下列表述正确的有（　　）。
   A. 丁测试后得分 75 分，不符合申请开立交易编码条件
   B. 丁测试后得分 79 分，乙可以在继续培训后再组织其参加测试
   C. 丁测试后得分 80 分，符合申请开立交易编码条件
   D. 丁测试后得分 81 分，乙为投资者丁向交易所申请开立交易编码的时间距投资者通过知识测试的时间不得超过 1 个月

13. 根据《期货市场客户开户管理规定》，期货公司为客户申请交易编码，应当向（　　）提交客户交易编码申请。
   A. 中国期货保证金监控中心　　　　B. 期货交易所
   C. 中国证券登记结算公司　　　　　D. 中国期货业协会

14. A 期货公司任命白某为本公司的首席风险官。白某在开展工作过程中，发现公司在保证金安全存管工作中存在重大问题，白某将相关问题口头反映给公司总经理张某。张某要求相关部门对存在的问题进行了整改，解决了部分问题，但仍未完全达到要求。白某在张某的说服下，接受了整改结果。因公司的整改仍未达到要求，下列说法正确的是（　　）。
   A. 白某如因坚持要求整改而遭公司解聘，可向证监会报告，证监会有权要求公司重新聘任白某
   B. 白某接受总经理说明，接受整改结果，事后期货公司发生重大风险的，白某可以因为曾向总经理提出整改意见而被从轻处罚
   C. 必要时，白某应当向公司住所地中国证监会派出机构报告
   D. 白某应当及时向期货公司董事长、董事会常设风险管理委员会或者监事会报告

15. A 证券公司为期货公司提供中间介绍业务，该证券公司可以提供的服务是（　　）。
   A. 利用证券资金账户为客户划转期货保证金
   B. 提供期货行情信息
   C. 协助期货公司向客户提示风险
   D. 协助期货公司办理开户手续

16. A 期货公司营业部负责人卢某，为完成期货公司下达给该营业部的交易佣金任务，指使该营业部运营总监盗用客户王某的账户和密码，频繁买卖期货合约，致使其亏

损100万元。下列关于盗用王某账户和密码进行交易的法律责任的表述，正确的是（　　）。

A. 期货公司应承担相关赔偿责任

B. 擅自交易的行为是卢某的个人行为，有关赔偿责任由卢某独立承担

C. 监管机构可以处罚卢某

D. 监管机构可以处罚期货公司

17. 杜某为甲期货公司从业人员，在得知乙期货公司给居间人较高的返佣后，私下将新开发的客户介绍给乙期货公司。根据上述事实，请回答以下问题。

（1）杜某违反的期货从业人员执业行为准则是（　　）。

A. 不得进行虚假宣传，诱骗客户参与期货交易

B. 不得以他人名义参与期货交易

C. 除所在机构同意外，从业人员不得兼任导致与现任职务产生实际或潜在利益冲突的其他组织的职务

D. 不得在投资者不知情的情况下给介绍人返还佣金

（2）杜某可能受到的纪律惩戒是（　　）。

A. 暂停从业资格　　　　　　B. 公开谴责

C. 训诫　　　　　　　　　　D. 罚款

18. 黄立担任白某期货公司业务主管，对自己与公司客户及公司领导之间的关系有如下认识，其中，正确的是（　　）。

A. 本单位管理人员发出违法违规的指令的，应当予以抵制，并按程序向股东会报告

B. 为和其他公司争夺客户，可许诺投资者较低的手续费标准，甚至低于行业自律标准，但绝不能低于经营成本

C. 如果发现客户有不诚信、违法违规的行为时，应当及时向公司报告，并注意防范投资者的信用风险

D. 客户有不合理的要求时，不能迎合，不能为客户利益而损害所在机构的合法利益

19. 客户周某认为期货公司未将自己的交易指令入市交易，故向法院提起诉讼，要求期货公司赔偿自己的交易损失。法院在审理过程中，将期货交易所的交易记录、期货公司通知的交易结算结果与周某交易指令记录进行核对。期货公司要证明已经入市交易，以下因素中必须完全一致的是（　　）。

A. 交易品种　　B. 买卖方向　　C. 交易时间　　D. 价格

20. 张群是某期货公司的债权人，期货公司对张群的债务届期不能清偿。如果张群起诉期货公司并申请人民法院保全财产，人民法院保全的范围可以包括（　　）。

A. 期货公司在期货交易所的会员资格费

B. 期货公司在期货交易所的交易席位

C. 期货公司保证金账户资金中超出全体客户权益的部分

D. 期货公司在期货交易所保证金账户中的全部资金

模拟试卷（三）参考答案及解析

一、单项选择题

1. 【答案】 B

【解析】《期货交易管理条例》第十六条规定，国务院期货监督管理机构应当在受理期货公司设立申请之日起6个月内，根据审慎监管原则进行审查，作出批准或者不批准的决定。

2. 【答案】 B

【解析】《期货投资者保障基金管理暂行办法》第九条规定，对于因财务状况恶化、风险控制不力等存在较高风险的期货公司，应当按照较高比例缴纳保障基金，各期货公司的具体缴纳比例由中国证监会根据期货公司风险状况确定。

3. 【答案】 B

【解析】《期货交易所管理办法》第二十一条规定，下列情形之一的，应当召开临时会员大会：①会员理事不足期货交易所章程规定人数的2/3；②1/3以上会员联名提议；③理事会认为有必要。

4. 【答案】 D

【解析】《期货交易管理条例》第四十三条规定，期货业协会是期货业的自律性组织，是社会团体法人。

5. 【答案】 C

【解析】《期货公司监督管理办法》第二十三条规定，期货公司申请设立分支机构，应当未因涉嫌违法违规经营正在被有权机关调查，近1年内未因违法违规经营受到行政处罚或者刑事处罚。

6. 【答案】 C

【解析】《期货投资者保障基金管理暂行办法》第七条规定，保障基金的使用遵循保障投资者合法权益和公平救助原则，实行比例补偿。

7. 【答案】

【解析】《期货交易所管理办法》第十七条规定，期货交易所因下列情形之一解散：（一）章程规定的营业期限届满；（二）会员大会或者股东大会决定解散；（三）中国证监会决定关闭。期货交易所因前款第（一）项、第（二）项情形解散的，由中国证监会批准。

8. 【答案】 C

【解析】A项，根据《期货交易所管理办法》第三十三条，总经理、副总经理由中国证监会任免。根据第二十条，BD两项为会员制期货交易所会员大会的职权。

9. 【答案】 C

【解析】《期货交易所管理办法》第八条规定，期货交易所除履行《期货交易管理条例》规定的职责外，还应当履行下列职责：（一）制定并实施期货交易所的交易规则及其实施细则；（二）发布市场信息；（三）监管会员及其客户、指定交割仓库、期货保证金存管银行及期货市场其他参与者的期货业务；（四）查处违规行为。

10. 【答案】　A

【解析】《期货公司监督管理办法》第三十九条规定，期货公司股东会应当按照《公司法》和公司章程，对职权范围内的事项进行审议和表决。股东会每年应当至少召开一次会议。期货公司股东应当按照出资比例或者所持股份比例行使表决权。

11. 【答案】　D

【解析】《期货公司监督管理办法》第四十条规定，期货公司应当设立董事会，并按照《公司法》的规定设立监事会或监事，切实保障监事会和监事对公司经营情况的知情权。期货公司可以设立独立董事，期货公司的独立董事不得在期货公司担任董事会以外的职务，不得与本期货公司存在可能妨碍其作出独立、客观判断的关系。

12. 【答案】　B

【解析】《期货公司首席风险官管理规定（试行）》第二条规定，首席风险官是负责对期货公司经营管理行为的合法合规性和风险管理状况进行监督检查的期货公司高级管理人员。首席风险官向期货公司董事会负责。《期货公司监督管理办法》第四十一条规定，期货公司应当设首席风险官，对期货公司经营管理行为的合法合规性、风险管理进行监督、检查。首席风险官发现涉嫌占用、挪用客户保证金等违法违规行为或者可能发生风险的，应当立即向住所地中国证监会派出机构和公司董事会报告。期货公司拟解聘首席风险官的，应当有正当理由，并向住所地中国证监会派出机构报告。

13. 【答案】　B

【解析】参见《期货公司董事、监事和高级管理人员任职资格管理办法》第四十六条规定。

14. 【答案】　C

【解析】《期货公司董事、监事和高级管理人员任职资格管理办法》第十四条规定，申请财务负责人、营业部负责人的任职资格，应当具备下列条件：（一）具有期货从业人员资格；（二）具有大学本科以上学历或者取得学士以上学位。申请财务负责人的任职资格，还应当具有会计师以上职称或者注册会计师资格；申请营业部负责人的任职资格，还应当具有从事期货业务3年以上经验，或者其他金融业务4年以上经验。

15. 【答案】　D

【解析】《期货公司董事、监事和高级管理人员任职资格管理办法》第三十四条第一款规定，期货公司董事、监事、财务负责人、营业部负责人离任的，其任职资格自离任之日起自动失效。

16. 【答案】　A

【解析】《期货从业人员管理办法》第五条规定，中国证监会及其派出机构依法对期货从业人员进行监督管理。中国期货业协会依法对期货从业人员实行自律管理，负责从业资格的认定、管理及撤销。

17. 【答案】　B

【解析】《期货从业人员管理办法》第六条规定，协会负责组织从业资格考试。

18. 【答案】　B

【解析】《期货从业人员管理办法》第七条规定，参加从业资格考试的，应当符合下列条件：（一）年满 18 周岁；（二）具有完全民事行为能力；（三）具有高中以上文化程度；（四）中国证监会规定的其他条件。

19.【答案】 D

【解析】参见《期货公司首席风险官管理规定（试行）》第十二条规定。

20.【答案】 B

【解析】《期货公司首席风险官管理规定（试行）》第十六条规定，期货公司董事会拟免除首席风险官职务的，应当提前通知本人，并按规定将免职理由、首席风险官履行职责情况及替代人选名单书面报告公司住所地中国证监会派出机构。被免职的首席风险官可以向公司住所地中国证监会派出机构解释说明情况。第十七条规定，期货公司董事会决定免除首席风险官职务时，应当同时确定拟任人选或者代行职责人选，按照有关规定履行相应程序。

21.【答案】 C

【解析】《期货公司首席风险官管理规定（试行）》第二十三条第一款规定，首席风险官发现期货公司经营管理行为的合法合规性、风险管理等方面存在除本规定第二十四条所列违法违规行为和重大风险隐患之外的其他问题的，应当及时向总经理或者相关负责人提出整改意见。

22.【答案】 B

【解析】《期货公司风险监管指标管理办法》第十二条第一款规定，期货公司计算净资本时，可以将"期货风险准备金"等等有助于增强抗风险能力的负债项目加回。第十三条规定，期货公司应当按照企业会计准则的规定确认预计负债。中国证监会派出机构可以要求期货公司对预计负债进行专项说明；有证据表明期货公司未能准确确认预计负债的，中国证监会派出机构应当要求期货公司相应核减净资本金额。

23.【答案】 D

【解析】参见《期货公司风险监管指标管理办法》第十三条规定。

24.【答案】 C

【解析】《期货公司风险监管指标管理办法》第十六条规定，期货公司借入次级债务的，可以将所借入的次级债务按照中国证监会规定的比例计入净资本。期货公司向股东或者其关联企业借入的具有次级债务性质的长期借款，可以在计算净资本时将所借入的长期借款按照中国证监会规定的比例计入净资本。

25.【答案】 C

【解析】《证券公司为期货公司提供中间介绍业务试行办法》第五条规定，证券公司申请介绍业务资格，应当符合的条件之一是：配备必要的业务人员，公司总部至少有 5 名、拟开展介绍业务的营业部至少有 2 名具有期货从业人员资格的业务人员。

26.【答案】 D

【解析】《证券公司为期货公司提供中间介绍业务试行办法》第九条规定，证券公司受期货公司委托从事介绍业务，应当提供下列服务：（一）协助办理开户手续；（二）提供期货行情信息、交易设施；（三）中国证监会规定的其他服务。证券公司不得代理客户进行期货交易、结算或者交割，不得代期货公司、客户收付期货保证金，不得利用证券资金账户为客户存取、划转期货保证金。第二十一条规定，证券公司不得代客户下达交易指令，不得利用客户的交易编码、资金账号或者期货结算账户进行期货交易,不得代客户接收、保管或者修改交易密码。第二十三条规定,期货、现货市场行情发生重大变化或者客户可能出现风险时,证券公司及其营业部可以协助期货公司向客户提示风险。

27. 【答案】 C

【解析】《证券公司为期货公司提供中间介绍业务试行办法》第十条第三款规定,证券公司按照委托协议对期货公司承担介绍业务受托责任。基于期货经纪合同的责任由期货公司直接对客户承担。

28. 【答案】 C

【解析】《期货市场客户开户管理规定》第四条规定,监控中心应当建立和维护期货市场客户统一开户系统(简称统一开户系统),对期货公司提交的客户资料进行复核,并将通过复核的客户资料转发给相关期货交易所。

29. 【答案】 B

【解析】《期货市场客户开户管理规定》第五条规定,期货交易所收到监控中心转发的客户交易编码申请资料后,根据期货交易所业务规则对客户交易编码进行分配、发放和管理,并将各类申请的处理结果通过监控中心反馈期货公司。

30. 【答案】 D

【解析】《期货市场客户开户管理规定》第六条规定,监控中心应当为每一个客户设立统一开户编码,并建立统一开户编码与客户在各期货交易所交易编码的对应关系。

31. 【答案】 B

【解析】《期货从业人员管理办法》第二十二条第一款规定,协会应当组织期货从业人员后续职业培训,提高期货从业人员的职业道德和专业素质。

32. 【答案】 C

【解析】《期货公司资产管理业务试点办法》第三十八条第一款规定,期货公司应当按照期货保证金安全存管规定向监控中心报送期货资产管理账户的数据信息。

33. 【答案】 D

【解析】《关于建立金融期货投资者适当性制度的规定》第十一条第一款规定,期货公司应当完善客户纠纷处理机制,明确承担此项职责的部门和岗位,负责处理投资者参与金融期货交易所产生的投诉等事项,及时化解相关矛盾纠纷。

34. 【答案】 B

【解析】《关于建立金融期货投资者适当性制度的规定》第五条规定,中金所应当根据"将适当的产品销售给适当投资者"的核心原则,从投资者的经济实力、金融期货产品认知能力、投资经历等方面,制定投资者适当性制度的具体标准和实施指引,并报中国证监会备案。

35. 【答案】 A

【解析】《期货公司期货投资咨询业务试行办法》第十四条第一款规定,期货公司应当事前了解客户的身份、财务状况、投资经验等情况,认真评估客户的风险偏好、风险承受能力和服务需求,并以书面和电子形式保存客户相关信息。

36. 【答案】 C

【解析】《期货公司期货投资咨询业务试行办法》第十七条规定，期货公司提供研究分析服务时，应当公平对待委托客户，并采取有效措施，保证研究分析人员独立形成研究分析意见和结论。期货公司应当建立研究分析报告和资讯信息的审阅、管理及使用机制，对研究分析报告、资讯信息的使用进行审阅和合规检查。期货公司应当采取有效措施，防止研究分析人员以及公司内部其他人员利用研究报告、资讯信息为自身及其他利益相关方谋取不当利益。

37.【答案】 A

【解析】《期货公司期货投资咨询业务试行办法》第十九条规定，期货公司提供交易咨询服务时，应当向客户明示有无利益冲突，提示潜在的市场变化和投资风险，不得就市场行情做出确定性判断。期货公司提供的投资方案或者期货交易策略应当以本公司的研究报告、合法取得的研究报告、相关行业信息资料以及公开发布的相关信息等为主要依据。期货公司应当告知客户自主做出期货交易决策，独立承担期货交易后果，并不得泄露客户的投资决策计划信息。

38.【答案】 B

【解析】参见《期货公司资产管理业务试点办法》第八条第一款规定。

39.【答案】 C

【解析】《期货公司资产管理业务试点办法》第九条规定，资产管理业务的客户应当具有较强资金实力和风险承受能力。单一客户的起始委托资产不得低于100万元人民币。期货公司可以提高起始委托资产要求。

40.【答案】 B

【解析】《期货公司资产管理业务试点办法》第十条规定，期货公司董事、监事、高级管理人员、从业人员及其配偶不得作为本公司资产管理业务的客户。期货公司股东、实际控制人及其关联人以及期货公司董事、监事、高级管理人员、从业人员的父母、子女成为本公司资产管理业务客户的，应当自签订资产管理合同之日起5个工作日内，向住所地中国证监会派出机构备案，并在本公司网站上披露其关联关系或者亲属关系。

41.【答案】 D

【解析】《期货从业人员执业行为准则（修订）》第三条规定，本准则所称机构是指《期货从业人员管理办法》第三条所规定的机构；从业人员是指《期货从业人员管理办法》第四条规定的人员。《期货从业人员管理办法》第三条规定，本办法所称机构是指：（一）期货公司；（二）期货交易所的非期货公司结算会员；（三）期货投资咨询机构；（四）为期货公司提供中间介绍业务的机构；（五）中国证券监督管理委员会（简称中国证监会）规定的其他机构。

42.【答案】 C

【解析】《期货从业人员执业行为准则（修订）》第七条规定，从业人员在执业过程中应当以专业的技能，以小心谨慎、勤勉尽责和独立客观的态度为投资者提供服务，维护投资者的合法权益。

43.【答案】 D

【解析】《期货从业人员执业行为准则（修订）》第十一条规定，从业人员不得以个人或者他人名义参与期货交易。第十四条规定，期货投资咨询机构的从业人员不得有下列行为：（一）利用传播媒介或者通过其他方式提供、传播虚假或者误导客户的信息；（二）代理客户从事期货交易；（三）中国证监会禁止的其他行为。《期货从业人员管理办法》第十四条第三项规定，期货从业人员向客户提供专业服务时，应当充分揭示期货交易风险，不得作出不当承诺或者保证。

44.【答案】 B

【解析】《期货公司执行金融期货投资者适当性制度管理规则（修订）》第四条规定，会员单位在开户时，应当向投资者充分揭示金融期货风险，全面客观介绍金融期货法律法规、业务规则和产品特征，测试投资者的金融期货基础知识，认真审核投资者开户申请材料，审慎评估投资者的诚信状况和风险承受能力。不得协助投资者采取虚假申报等手段规避投资者适当性标准要求。

45.【答案】 C

【解析】《期货公司执行金融期货投资者适当性制度管理规则（修订）》第二条规定，会员单位应按照中国证监会和中国金融期货交易所的有关规定，遵循将适当的产品销售给适当的投资者的核心原则，建立健全内控合规制度，严格执行投资者适当性制度。

46.【答案】 C

【解析】《期货公司执行金融期货投资者适当性制度管理规则（修订）》第九条规定，对违反本规则的会员单位，经告诫仍不改正的，协会将视其情节轻重予以以下纪律惩戒：（一）批评；（二）协会内通报批评；（三）通过媒体公开谴责；（四）取消会员资格并公告。对于相关违规期货从业人员，协会将根据情节轻重给予相应的纪律惩戒。可以看出，期货业协会可以实施纪律惩戒的对象包括违规会员单位和相关违规期货从业人员。

47.【答案】 B

【解析】《刑法修正案》第二条第一款规定，未经国家有关主管部门批准，擅自设立商业银行、证券交易所、期货交易所、证券公司、期货经纪公司、保险公司或者其他金融机构的，处三年以下有期徒刑或者拘役，并处或者单处二万元以上二十万元以下罚金；情节严重的，处三年以上十年以下有期徒刑，并处五万元以上五十万元以下罚金。

48.【答案】 C

【解析】参见《刑法修正案》第一条第一款规定。

49.【答案】 A

【解析】内幕交易、泄露内幕信息罪的主观方面要求知情人员具有故意，本题中，小王获得内幕信息时小李并不知情，因此不构成犯罪。

50.【答案】 A

【解析】参见《刑法修正案》第五条第一款规定。

51.【答案】 C

【解析】《刑法修正案》第七条第一款规定，商业银行、证券交易所、期货交易所、证券公司、期货经纪公司、保险公司或者其他金融机构的工作人员利用职务上的便利，挪用本单位或者客户资金的，依照本法第二百七十二条的规定定罪处罚。《刑法》第二百七十二条即规定了挪用资金罪的定罪量刑。贪污罪只有国家工作人员才能够构成；盗窃罪和职务侵占罪必须具有非法占有的目的。本题中，相关工作人员不具有非法据为己有的目的，同时盗窃罪不需要以利用职务上的便利为要件。

52. 【答案】 B

【解析】《刑法修正案（六）》第十二条规定，商业银行、证券交易所、期货交易所、证券公司、期货经纪公司、保险公司或者其他金融机构，违背受托义务，擅自运用客户资金或者其他委托、信托的财产，情节严重的，对单位判处罚金，并对其直接负责的主管人员和其他直接责任人员，处三年以下有期徒刑或者拘役，并处三万元以上三十万元以下罚金；情节特别严重的，处三年以上十年以下有期徒刑，并处五万元以上五十万元以下罚金。

53. 【答案】 B

【解析】《刑法修正案（六）》第十四条规定，银行或者其他金融机构的工作人员吸收客户资金不入账，数额巨大或者造成重大损失的，处五年以下有期徒刑或者拘役，并处二万元以上二十万元以下罚金；数额特别巨大或者造成特别重大损失的，处五年以上有期徒刑，并处五万元以上五十万元以下罚金。

54. 【答案】 D

【解析】《刑法修正案（六）》第七条第一款规定，公司、企业或者其他单位的工作人员利用职务上的便利，索取他人财物或者非法收受他人财物，为他人谋取利益，数额较大的，处五年以下有期徒刑或者拘役；数额巨大的，处五年以上有期徒刑，可以并处没收财产。即为非国家工作人员受贿罪。受贿罪只有国家工作人员才可以构成，本案中丙属于非国家工作人员，其利用职务上的便利接受他人财物为他人谋取非法利益，构成了非国家工作人员受贿罪。本案中，丙有侵犯商业秘密的行为，但缺乏"造成严重损失"的后果，故不构成侵犯商业秘密罪。

55. 【答案】 C

【解析】《最高人民法院关于审理期货纠纷案件若干问题的规定》第三条规定，人民法院审理期货侵权纠纷和无效的期货交易合同纠纷案件，应当根据各方当事人是否有过错，以及过错的性质、大小、过错和损失之间的因果关系，确定过错方承担的民事责任。

56. 【答案】 D

【解析】《最高人民法院关于审理期货纠纷案件若干问题的规定》第八条规定，期货公司的从业人员在本公司经营范围内从事期货交易行为产生的民事责任，由其所在的期货公司承担。

57. 【答案】 A

【解析】《最高人民法院关于审理期货纠纷案件若干问题的规定》第十三条规定，有下列情形之一的，应当认定期货经纪合同无效：（一）没有从事期货经纪业务的主体资格而从事期货经纪业务的；（二）不具备从事期货交易主体资格的客户从事期货交易的；（三）违反法律、法规禁止性规定的。

58. 【答案】 B

【解析】《最高人民法院关于审理期货纠纷案件若干问题的规定（二）》第五条规定，实行会员分级结算制度的期货交易所的结算会员为债务人，债权人请求冻结、划拨结算会员以下资金或者有价证券的，人民法院不予支持：（一）非结算会员在结算会员保证金账户中的资金；（二）非结算会员向结算会员提交的用于充抵保证金的有价证券。第七条第一款规定，实行会员分级结算制度的期货交易所或者其结算会员为债务人，债权人请求冻结、划拨期货交易所向其结算会员依法收取的结算担保金的，人民法院不予支持。

59.【答案】　D

【解析】《金融期货投资者适当性制度实施办法》第六条规定，期货公司会员可以为特殊单位客户申请开立交易编码．前款所称特殊单位客户是指证券公司、基金管理公司、信托公司、银行和其他金融机构，以及社会保障类公司、合格境外机构投资者等法律、行政法规和规章规定的需要资产分户管理的单位客户，以及交易所认定的其他单位客户；一般单位客户系指特殊单位客户以外的单位客户。

60.【答案】　C

【解析】《金融期货投资者适当性制度操作指引》第十条规定，测试完成后，开户知识测试人员对试卷进行评分。开户知识测试人员和投资者应当在测试试卷上签字。

二、多项选择题

1.【答案】　ABCD

【解析】《期货交易管理条例》第三条规定，从事期货交易活动，应当遵循公开、公平、公正和诚实信用的原则。禁止欺诈、内幕交易和操纵期货交易价格等违法行为。

2.【答案】　AB

【解析】《期货交易管理条例》第五条第二款规定，国务院期货监督管理机构派出机构依照本条例的有关规定和国务院期货监督管理机构的授权，履行监督管理职责。

3.【答案】　ABD

【解析】《期货投资者保障基金管理暂行办法》第二十条第一款规定，对期货投资者的保证金损失，保障基金按照下列原则予以补偿：（一）对每位个人投资者的保证金损失在10万元以下（含10万元）的部分全额补偿，超过10万元的部分按90%补偿；（二）对每位机构投资者的保证金损失在10万元以下（含10万元）的部分全额补偿，超过10万元的部分按80%补偿。因此，丁应得到的保障基金补偿额为5万元，乙应得到的保障基金补偿额为10万元，丙应得到的保障基金补偿额为：10＋（300－10）×80%＝242（万元）。

4.【答案】　BC

【解析】《期货投资者保障基金管理暂行办法》第二十一条规定，使用保障基金前，中国证监会和保障基金管理机构应当监督期货公司核实投资者保证金权益及损失，积极清理资产并变现处置，应当先以自有资金和变现资产弥补保证金缺口。不足弥补或者情况危急的，方能决定使用保障基金。

5.【答案】　BD

【解析】《期货公司监督管理办法》第五十九条规定，期货公司应当按照规定为客户申请、注销交易编码。客户与期货公司的委托关系终止的，应当办理销户手续。期货公司不得将客户未注销的资金账号、交易编码借给他人使用。第五十一条规定，期货公司应当建立数据备份制度，对交易、结算、财务等数据进行备份管理。期货公司应当妥善保存客户资料，除依法接受调查和检查外，应当为客户保密。客户资料保存期限不得少于20年。

6. 【答案】 AB

【解析】《期货公司监督管理办法》第七十一条规定,客户应当向期货公司登记以本人名义开立的用于存取期货保证金的结算账户。期货公司和客户应当通过备案的期货保证金账户和登记的期货结算账户转账存取保证金。

7. 【答案】 ABD

【解析】《期货公司监督管理办法》第七十七条规定,期货公司应当按照规定报送年度报告、月度报告等资料。期货公司法定代表人、经营管理主要负责人、首席风险官、财务负责人应当对年度报告和月度报告签署确认意见;监事会或监事应对年度报告进行审核并提出书面审核意见;期货公司董事应当对年度报告签署确认意见。期货公司年度报告、月度报告签字人员应当保证报告内容真实、准确、完整;对报告内容有异议的,应当注明意见和理由。

8. 【答案】 ABC

【解析】《期货公司监督管理办法》第八十九条规定,期货公司股东、实际控制人、其他关联人,为期货公司提供相关服务的会计师事务所、律师事务所、资产评估机构等中介服务机构违反本办法规定的,中国证监会及其派出机构可以对其采取监管谈话、责令改正、出具警示函等监督管理措施。

9. 【答案】 ABC

【解析】《期货从业人员管理办法》第十八条规定,为期货公司提供中间介绍业务的机构的期货从业人员不得有下列行为:(一)收付、存取或者划转期货保证金;(二)代理客户从事期货交易;(三)中国证监会禁止的其他行为。

10. 【答案】 ACD

【解析】A项,根据《期货从业人员管理办法》第三十条,期货从业人员自律管理的具体办法,包括从业资格注册和公示、执业行为准则、后续职业培训、职业检查、纪律惩戒和申诉等,由协会制订,报中国证监会核准。BC两项,第二十一条第一款规定,协会应当建立期货从业人员信息数据库,公示并且及时更新从业资格注册、诚信记录等信息。D项,第二十二条第二款规定,期货从业人员应当按照有关规定参加后续职业培训,其所在机构应予以支持并提供必要保障。

11. 【答案】 ABD

【解析】《期货公司首席风险官管理规定(试行)》第二条规定,首席风险官是负责对期货公司经营管理行为的合法合规性和风险管理状况进行监督检查的期货公司高级管理人员。首席风险官向期货公司董事会负责。C项,《期货公司监督管理办法》第四十一条规定,期货公司应当设首席风险官,对期货公司经营管理行为的合法合规性、风险管理进行监督、检查。首席风险官发现涉嫌占用、挪用客户保证金等违法违规行为或者可能发生风险的,应当立即向住所地中国证监会派出机构和公司董事会报告。期货公司拟解聘首席风险官的,应当有正当理由,并向住所地中国证监会派出机构报告。

12. 【答案】 BCD

【解析】《期货公司首席风险官管理规定(试行)》第十六条第一款规定,期货公司董事会拟免除首席风险官职务的,应当提前通知本人,并按规定将免职理由、首席风险官履行职责情况及替代人选名单书面报告公司住所地中国证监会派出机构。

13. 【答案】 BC

【解析】《期货公司首席风险官管理规定（试行）》第三十三条规定，首席风险官应当按时参加中国证监会组织或者认可的培训。首席风险官连续两次不参加培训，或者连续两次培训考试成绩不合格的，中国证监会及其派出机构可以采取监管谈话、出具警示函等监管措施。

14. 【答案】 CD

【解析】《期货公司金融期货结算业务试行办法》第三十三条规定，非结算会员客户的持仓达到期货交易所规定的持仓报告标准的，客户应当通过非结算会员向期货交易所报告。客户未报告的，非结算会员应当向期货交易所报告。

15. 【答案】 ABC

【解析】《期货公司金融期货结算业务试行办法》第四十条规定，全面结算会员期货公司、交易结算会员期货公司应当以自有资金向期货交易所缴纳结算担保金。全面结算会员期货公司不得向非结算会员收取结算担保金。

16. 【答案】 ACD

【解析】《期货公司金融期货结算业务试行办法》第四十一条规定，期货公司被期货交易所接纳为会员、暂停或者终止会员资格的，应当在收到期货交易所的通知文件之日起3个工作日内向期货公司住所地的中国证监会派出机构报告。

17. 【答案】 ABC

【解析】《期货公司风险监管指标管理办法》第七条规定，本办法所称净资本是在期货公司净资产的基础上，按照变现能力对资产负债项目及其他项目进行风险调整后得出的综合性风险监管指标。净资本的计算公式为：净资本＝净资产－资产调整值＋负债调整值－客户未足额追加的保证金－／＋其他调整项。第三十五条第三项规定，负债、流动负债，是指期货公司的对外负债，不含客户权益。

18. 【答案】 ABD

【解析】《期货公司风险监管指标管理办法》第十四条第一款规定，客户保证金未足额追加的，期货公司应当相应调减净资本。客户保证金在报表报送日之前已足额追加的，期货公司可以在报表附注中说明。第十七条规定，客户保证金未足额追加的，期货公司在计算符合规定的最低限额的结算准备金时，应当相应扣除。客户保证金在报表报送日之前已足额追加的，期货公司可以在报表附注中说明。未足额追加的客户保证金应当按期货交易所规定的保证金标准计算，不包括已经记入"应收风险损失款"科目的客户因穿仓形成的对期货公司的债务。

19. 【答案】 ABCD

【解析】《期货公司风险监管指标管理办法》第十五条第一款规定，期货公司应当在净资本计算表的附注中，充分披露期末未决诉讼、未决仲裁等或有负债的性质、涉及金额、形成原因、进展情况、可能发生的损失和预计损失的会计处理情况，并在计算净资本时按照一定比例扣减。

20. 【答案】 ABCD

【解析】参见《期货市场客户开户管理规定》第三十条规定。

21. 【答案】 ABD

【解析】《期货市场客户开户管理规定》第十八条规定，监控中心在复核中发现以下情况之一的，监控中心应当退回客户交易编码申请，并告知期货公司：（一）客户资料不符合实名制要求；（二）客户交易编码申请表及相关资料内容不完整、格式不正确；（三）中国证监会规定的其他情形。

22. 【答案】 ABD

【解析】《期货市场客户开户管理规定》第二十六条规定，期货公司应当登录监控中心统一开户系统办理客户交易编码的注销。第二十七条规定，监控中心接到期货公司的客户交易编码注销申请后，应当于当日转发给相关期货交易所。

23. 【答案】 ABCD

【解析】参见《期货市场客户开户管理规定》第四十条规定。

24. 【答案】 ABCD

【解析】《关于建立金融期货投资者适当性制度的规定》第八条第一款规定，自然人投资者应当全面评估自身的经济实力、产品认知能力、风险控制能力、生理及心理承受能力等，审慎决定是否参与金融期货交易。

25. 【答案】 ABCD

【解析】参见《关于建立金融期货投资者适当性制度的规定》第三条规定。

26. 【答案】 ABD

【解析】《关于建立金融期货投资者适当性制度的规定》第五条规定，中金所应当根据"将适当的产品销售给适当投资者"的核心原则，从投资者的经济实力、金融期货产品认知能力、投资经历等方面，制定投资者适当性制度的具体标准和实施指引，并报中国证监会备案。

27. 【答案】 ABCD

【解析】参见《期货公司期货投资咨询业务试行办法》第十三条规定。

28. 【答案】 BCD

【解析】《期货公司期货投资咨询业务试行办法》第十四条第一款规定，期货公司应当事前了解客户的身份、财务状况、投资经验等情况，认真评估客户的风险偏好、风险承受能力和服务需求，并以书面和电子形式保存客户相关信息。

29. 【答案】 ABC

【解析】《期货公司期货投资咨询业务试行办法》第十九条第二款规定，期货公司提供的投资方案或者期货交易策略应当以本公司的研究报告、合法取得的研究报告、相关行业信息资料以及公开发布的相关信息等为主要依据。

30. 【答案】 AC

【解析】《期货从业人员执业行为准则（修订）》第二十六条规定，提倡同业公平竞争，严禁从业人员从事下列不正当竞争行为：（一）采用虚假或容易引起误解的宣传方式进行自我夸大或者损害其他同业者的名誉；（二）贬低或诋毁其他机构、从业人员；（三）采用明示或暗示与有关机构或者个人具有特殊关系的手段招徕投资者，或利用与有关组织的关系进行业务垄断;(四)在投资者不知情的情况下给投资者代理人或介绍人返还佣金;(五)以排挤竞争对手为目的,低于经营成本或行业自律标准收取手续费;(六)中国证监会或协会认定的其他不正当竞争行为。

31.【答案】　AB
【解析】《期货从业人员执业行为准则(修订)》第二十九条,期货从业人员在执业过程中不得获取不正当利益。获取不正当利益的,应当退还。

32.【答案】　ABCD
【解析】参见《期货公司执行金融期货投资者适当性制度管理规则(修订)》第四条规定。

33.【答案】　ABC
【解析】《期货公司执行金融期货投资者适当性制度管理规则(修订)》第五条规定,会员单位应当完善期货经纪业务管理,加强对投资者交易行为的合法合规性管理,督促投资者遵守与金融期货交易相关的法律、法规、部门规章及中国金融期货交易所业务规则,持续开展投资者风险教育。D项属于期货公司在办理开户环节采取的措施。

34.【答案】　ABCD
【解析】《刑法修正案》第四条第一款规定,证券、期货交易内幕信息的知情人员或者非法获取证券、期货交易内幕信息的人员,在涉及证券的发行,证券、期货交易或者其他对证券、期货交易价格有重大影响的信息尚未公开前,买入或者卖出该证券,或者从事与该内幕信息有关的期货交易,或者泄露该信息,情节严重的,处5年以下有期徒刑或者拘役,并处或者单处违法所得1倍以上5倍以下罚金;情节特别严重的,处5年以上10年以下有期徒刑,并处违法所得1倍以上5倍以下罚金。

35.【答案】　ABCD
【解析】《刑法修正案》第五条第二款规定,证券交易所、期货交易所、证券公司、期货经纪公司的从业人员,证券业协会、期货业协会或者证券期货监督管理部门的工作人员,故意提供虚假信息或者伪造、变造、销毁交易记录,诱骗投资者买卖证券、期货合约,造成严重后果的,处五年以下有期徒刑或者拘役,并处或者单处一万元以上十万元以下罚金;情节特别恶劣的,处五年以上十年以下有期徒刑,并处二万元以上二十万元以下罚金。

36.【答案】　ABCD
【解析】参见《刑法修正案(六)》第十二条规定。

37.【答案】　ABCD
【解析】《刑法修正案(六)》第十五条规定,银行或者其他金融机构的工作人员违反规定,为他人出具信用证或者其他保函、票据、存单、资信证明,情节严重的,处五年以下有期徒刑或者拘役;情节特别严重的,处五年以上有期徒刑。

38.【答案】　ACD
【解析】《最高人民法院关于审理期货纠纷案件若干问题的规定》第五十六条第一款规定,期货公司应当对客户的交易指令是否入市交易承担举证责任。第五十七条规定,期货交易所通知期货公司追加保证金,期货公司否认收到上述通知的,由期货交易所承担举证责任。期货公司向客户发出追加保证金的通知,客户否认收到上述通知的,由期货公司承担举证责任。

39.【答案】 BD

【解析】《最高人民法院关于审理期货纠纷案件若干问题的规定》第五十八条规定，人民法院保全与会员资格相应的会员资格费或者交易席位，应当依法裁定不得转让该会员资格，但不得停止该会员交易席位的使用。人民法院在执行过程中，有权依法采取强制措施转让该交易席位。

40.【答案】 CD

【解析】《金融期货投资者适当性制度实施办法》第二十一条规定，期货公司会员违反投资者适当性制度的，交易所可以对其采取责令整改、谈话提醒、书面警示、通报批评、公开谴责、暂停受理申请开立新的交易编码、暂停或者限制业务、调整或者取消会员资格等处理措施；情节严重的，交易所可以向中国证监会、中国期货业协会提出行政处罚或者纪律处分建议。

三、判断题

1.【答案】 B

【解析】《期货交易管理条例》第六十二条规定，国务院期货监督管理机构应当与有关部门建立监督管理的信息共享和协调配合机制。国务院期货监督管理机构可以和其他国家或者地区的期货监督管理机构建立监督管理合作机制，实施跨境监督管理。

2.【答案】 A

【解析】《期货投资者保障基金管理暂行办法》第十二条规定，鼓励保障基金来源多元化，保障基金可以接受社会捐赠和其他合法财产。保障基金产生的利息以及运用所产生的各种收益等孳息归属保障基金。

3.【答案】 A

【解析】参见《期货投资者保障基金管理暂行办法》第十五条第一款规定。

4.【答案】 A

【解析】《期货公司监督管理办法》第五十四条规定，《〈期货经纪合同〉指引》和《期货交易风险说明书》由中国期货业协会制定。

5.【答案】 B

【解析】《期货公司董事、监事和高级管理人员任职资格管理办法》第七条规定，申请除董事长、监事会主席、独立董事以外的董事、监事的任职资格，应当具备下列条件：（一）具有从事期货、证券等金融业务或者法律、会计业务3年以上经验，或者经济管理工作5年以上经验；（二）具有大学专科以上学历。

6.【答案】 A

【解析】《期货从业人员管理办法》第十四条第七项规定，期货从业人员不得以本人或者他人名义从事期货交易。

7.【答案】 B

【解析】《期货公司首席风险官管理规定（试行）》第十四条规定，首席风险官任期届满前，期货公司董事会无正当理由不得免除其职务。

8. 【答案】 B

【解析】《期货公司金融期货结算业务试行办法》第三十五条规定，非结算会员的结算准备金余额小于零并未能在约定时间内补足的，全面结算会员期货公司应当按照约定的原则和措施对非结算会员或者其客户的持仓强行平仓。除前款规定外，全面结算会员期货公司可以与非结算会员在结算协议中约定应予强行平仓的其他情形。

9. 【答案】 B

【解析】《期货公司风险监管指标管理办法》第二十二条第一款规定，期货公司应当报送月度和年度风险监管报表。期货公司应当于月度终了后的7个工作日内向公司住所地中国证监会派出机构报送月度风险监管报表，在年度终了后的4个月内报送经具备证券、期货相关业务资格的会计师事务所审计的年度风险监管报表。

10. 【答案】 A

【解析】参见《证券公司为期货公司提供中间介绍业务试行办法》第二十四条规定。

11. 【答案】 A

【解析】参见《期货市场客户开户管理规定》第三十条规定。

12. 【答案】 B

【解析】《关于建立金融期货投资者适当性制度的规定》第七条第二款规定，期货公司应当建立客户资料档案，除依法接受调查和检查外，应当为客户保密。

13. 【答案】 B

【解析】《期货公司期货投资咨询业务试行办法》第六条第五项规定，期货公司申请从事期货投资咨询业务，应当符合3年内未因违法违规经营受到行政、刑事处罚，且不存在因涉嫌重大违法违规正被有权机关调查的情形。

14. 【答案】 B

【解析】《期货从业人员执业行为准则（修订）》第二十六条第四项规定，提倡同业公平竞争，严禁从业人员在投资者不知情的情况下给投资者代理人或介绍人返还佣金。

15. 【答案】 B

【解析】《期货从业人员执业行为准则（修订）》第二十七条规定，从业人员不得阻挠或者拒绝投资者另外委托其他期货经营机构或者从业人员提供服务，共同服务的从业人员之间应当明确分工和协作。

16. 【答案】 A

【解析】参见《期货公司执行金融期货投资者适当性制度管理规则（修订）》第四条规定。

17. 【答案】 A

【解析】参见《刑法修正案》第四条第二款规定。

18. 【答案】 A

【解析】参见《刑法修正案（六）》第十二条规定。

19. 【答案】 A

【解析】《最高人民法院关于审理期货纠纷案件若干问题的规定》第二十四条规定，期货公司超出客户指令价位的范围，将高于客户指令价格卖出或者低于客户指令价格买入后的差价利益占为己有的，客户要求期货公司返还的，人民法院应予支持，期货公司与客户另有约定的除外。

20.【答案】 A

【解析】《最高人民法院关于审理期货纠纷案件若干问题的规定（二）》第八条规定，人民法院在办理案件过程中，依法需要通过期货交易所、期货公司查询、冻结、划拨资金或者有价证券的，期货交易所、期货公司应当予以协助。

四、综合题

1.【答案】 CD

【解析】《期货投资者保障基金管理暂行办法》第九条规定，保障基金的启动资金由期货交易所从其积累的风险准备金中按照截至 2006 年 12 月 31 日风险准备金账户总额的 15% 缴纳形成。保障基金的后续资金来源包括：（一）期货交易所按其向期货公司会员收取的交易手续费的 3% 缴纳；（二）期货公司从其收取的交易手续费中按照代理交易额的千万分之五至十的比例缴纳；（三）保障基金管理机构追偿或者接受的其他合法财产。第十一条规定，有下列情形之一的，经中国证监会、财政部批准，期货交易所、期货公司可以暂停缴纳保障基金：（一）保障基金总额达到 8 亿元人民币；（二）期货交易所、期货公司遭受重大突发市场风险或者不可抗力。保障基金的规模、缴纳比例和缴纳方式，由中国证监会根据期货市场发展状况、市场风险水平等情况调整确定。

2.（1）【答案】 AB

【解析】《期货公司监督管理办法》第七十二条规定，期货公司存管的客户保证金应当全额存放在期货保证金账户和期货交易所专用结算账户内，严禁在期货保证金账户和期货交易所专用结算账户之外存放。

（2）【答案】 BC

【解析】《期货公司监督管理办法》第七十一条规定，客户应当向期货公司登记以本人名义开立的用于存取期货保证金的结算账户。期货公司和客户应当通过备案的期货保证金账户和登记的期货结算账户转账存取保证金。

3.【答案】 B

【解析】《期货公司监督管理办法》第九十一条规定，未经中国证监会或其派出机构批准，任何个人或者单位及其关联人擅自持有期货公司 5% 以上股权，或者通过提供虚假申请材料等方式成为期货公司股东的，中国证监会或其派出机构可以责令其限期转让股权。该股权在转让之前，不具有表决权、分红权。本案例中，乙公司通过与丁公司签订抵债协议而持有该期货公司 5% 以上股权，但是乙公司持有该股权并未获得中国证监会批准，因此中国证监会可以责令其限期转让股权。

4.【答案】 C

【解析】《期货从业人员管理办法》第二十七条规定，期货从业人员受到机构处分，或者从事的期货业务行为涉嫌违法违规被调查处理的，机构应当在作出处分决定、知悉或应当知悉该期货从业人员违法违规被调查处理事项之日起 10 个工作日内向协会报告。

5.【答案】 AC

【解析】《期货从业人员管理办法》第十五条规定，期货公司的期货从业人员不得有下列行为：（一）进行虚假宣传，诱骗客户参与期货交易；（二）挪用客户的期货保证金或者其他资产；（三）中国证监会禁止的其他行为。

6. 【答案】 AB

【解析】《期货公司首席风险官管理规定（试行）》第十一条规定，首席风险官对于侵害客户和期货公司合法权益的指令或者授意应当予以拒绝；必要时，应当及时向公司住所地中国证监会派出机构报告。第十二条规定，首席风险官开展工作应当制作并保留工作底稿和工作记录，真实、充分地反应其履行职责情况。工作底稿和工作记录应当至少保存20年。第二十五条规定，首席风险官根据履行职责的需要，享有下列职权：（一）参加或者列席与其履职相关的会议；（二）查阅期货公司的相关文件、档案和资料；（三）与期货公司有关人员、为期货公司提供审计、法律等中介服务的机构的有关人员进行谈话；（四）了解期货公司业务执行情况；（五）公司章程规定的其他职权。

7. 【答案】 AB

【解析】《期货公司金融期货结算业务试行办法》第九条第一项和第二项规定，期货公司申请金融期货全面结算业务资格，除应当具备本办法第七条规定的基本条件外，还应当具备下列条件：（一）董事长、总经理和副总经理中，至少3人的期货或者证券从业时间在5年以上，其中至少2人的期货从业时间在5年以上且具有期货从业人员资格、连续担任期货公司董事长或者高级管理人员时间在3年以上；（二）注册资本不低于人民币1亿元，申请日前2个月的风险监管指标持续符合规定的标准。

8. 【答案】 D

【解析】《期货公司风险监管指标管理办法》第七条第二款规定，净资本的计算公式为：净资本＝净资产－资产调整值＋负债调整值－客户未足额追加的保证金－／＋其他调整项。

9. 【答案】 ABC

【解析】根据《期货市场客户开户管理规定》第八条第一项规定，客户开户应当符合《期货交易管理条例》及中国证监会有关规定，并遵守实名制要求。个人客户应当本人亲自办理开户手续，签署开户资料，不得委托代理人代为办理开户手续。除中国证监会另有规定外，个人客户的有效身份证明文件为中华人民共和国居民身份证。第九条规定，期货公司应当对客户进行以下实名制审核：（一）对照有效身份证明文件，核实个人客户是否本人亲自开户，核实单位客户是否由经授权的代理人开户；（二）确保客户交易编码申请表、期货结算账户登记表、期货经纪合同等开户资料所记载的客户姓名或者名称与其有效身份证明文件中的姓名或者名称一致。

10. 【答案】 AB

【解析】《期货从业人员行为准则（修订）》第八条第一款规定，从业人员应当保守国家秘密、所在机构秘密、投资者的商业秘密及个人隐私，对在执业过程中所获得的未公开的重要信息应当履行保密义务，不得泄露、传递给他人。第十一条规定，从业人员不得以个人或者他人名义参与期货交易。本题中，李某将信息泄露的行为违反了第八条的规定，其开户从事期货交易的行为属于以个人名义参与期货交易，违反了第十一条的规定。

11. 【答案】 C

【解析】《刑法修正案》第七条规定，商业银行、证券交易所、期货交易所、证券公司、期货经纪公司、保险公司或者其他金融机构的工作人员利用职务上的便利，挪用本单位或者客户资金的，依照本法第二百七十二条的规定定罪处罚。《刑法》第二百七十二条规定，公司、企业或者其他单位的工作人员，利用职务上的便利，挪用本单位资金归个人使用或者借贷给他人，数额较大、超过三个月未还的，或者虽未超过三个月，但数额较大、进行营利活动的，或者进行非法活动的，处三年以下有期徒刑或者拘役；挪用本单位资金数额巨大的，或者数额较大不退还的，处三年以上十年以下有期徒刑。因此，何某的行为构成挪用资金罪，属于个人犯罪。

12. (1)【答案】 BC

【解析】A项，《金融期货投资者适当性制度操作指引》第四条规定，期货公司会员为投资者向交易所申请开立交易编码，应当确认该投资者前一交易日日终保证金账户可用资金余额不低于人民币50万元。B项，第五条规定，投资者保证金账户可用资金余额以期货公司会员收取的保证金标准作为计算依据。C项，第六条规定，期货公司会员应当从保护投资者合法权益的角度出发，测试投资者是否具备参与金融期货交易必备的知识水平。D项，第九条规定，期货公司会员客户开发人员不得兼任开户知识测试人员。

(2)【答案】 ABC

【解析】《金融期货投资者适当性制度操作指引》第十一条规定，期货公司会员不得为测试得分低于80分的投资者申请开立交易编码。第十二条规定，期货公司会员应当加强对投资者的培训和指导，对于未能通过测试的投资者，期货公司会员可以在继续培训后再组织其参加测试。第十三条规定，期货公司会员为投资者向交易所申请开立交易编码的时间距投资者通过知识测试的时间不得超过二个月。

13.【答案】 A

【解析】《期货市场客户开户管理规定》第十四条规定，期货公司为客户申请交易编码，应当向监控中心提交客户交易编码申请。客户交易编码申请填写内容应当完整并与期货经纪合同所记载的内容一致。

14.【答案】 CD

【解析】A项，《期货公司首席风险官管理规定（试行）》第三十二条规定，首席风险官因正当履行职责而被解聘的，中国证监会及其派出机构可以依法对期货公司及相关责任人员采取相应的监管措施。B项，第三十条规定，期货公司发生严重违规或者出现重大风险，首席风险官未及时履行本规定所要求的报告义务的，应当依法承担相应的法律责任。但首席风险官已按照要求履行报告义务的，中国证监会可以从轻、减轻或者免予行政处罚。CD两项，第二十三条规定，首席风险官发现期货公司经营管理行为的合法合规性、风险管理等方面存在除本规定第二十四条所列违法违规行为和重大风险隐患之外的其他问题的，应当及时向总经理或者相关负责人提出整改意见。总经理或者相关负责人对存在问题不整改或者整改未达到要求的，首席风险官应当及时向期货公司董事长、董事会常设的风险管理委员会或者监事会报告，必要时向公司住所地中国证监会派出机构报告。未设监事会的期货公司，可报告监事。

15.【答案】 BCD

【解析】《证券公司为期货公司提供中间介绍业务试行办法》第九条规定，证券公司受期货公司委托从事介绍业务，应当提供下列服务：（一）协助办理开户手续；（二）提供期货行情信息、交易设施；（三）中国证监会规定的其他服务。证券公司不得代理客户进行期货交易、结算或者交割，不得代期货公司、客户收付期货保证金，不得利用证券资金账户为客户存取、划转期货保证金；第二十三条规定，期货、现货市场行情发生重大变化或者客户可能出现风险时，证券公司及其营业部可以协助期货公司向客户提示风险。

16.【答案】 ACD

【解析】根据《证券公司为期货公司提供中间介绍业务试行办法》第三十二条第八项规定，证券公司利用客户的交易编码、资金账号或者期货结算账户进行期货交易的，按照《期货交易管理条例》第七十条进行处罚。根据《期货交易管理条例》第六十七条（原第七十条）第一款第三项规定，期货公司不按照规定接受客户委托或者不按照客户委托内容擅自进行期货交易的，责令改正，给予警告，没收违法所得，并处违法所得1倍以上5倍以下的罚款；没有违法所得或者违法所得不满10万元的，并处10万元以上50万元以下的罚款；情节严重的，责令停业整顿或者吊销期货业务许可证。第二款规定，对直接负责的主管人员和其他直接责任人员给予警告，并处1万元以上10万元以下的罚款；情节严重的，暂停或者撤销任职资格、期货从业人员资格。

17. (1)【答案】 C

【解析】《期货从业人员执业行为准则（修订）》第三十条规定，除所在机构同意外，从业人员不得兼任导致或者可能导致与现任职务产生实际或潜在利益冲突的其他组织的职务。本题中，杜某私下充当乙期货公司的居间人获取返佣，损害了甲期货公司的利益，违反了上述期货从业人员执业行为准则。

(2)【答案】 ABC

【解析】A项，《期货从业人执业行为准则（修订）》第三十九条规定，从业人员有下列情形之一的，暂停其从业资格6个月至12个月；情节严重的，撤销其从业资格并在3年内拒绝受理其从业资格申请：（一）本准则第二十六条所禁止行为之一的；（二）拒绝协会调查或检查的；（三）获取不正当利益的；（四）向投资者隐瞒重要事项的；（五）违反保密义务，泄露、传递他人未公开重要信息的。B项，第三十八条规定，从业人员违反本准则，情节严重，并造成严重后果的，予以公开谴责。C项，第三十七条规定，从业人员违反本准则，情节轻微，且没有造成严重后果的，予以训诫，训诫以训诫信的形式向个人发出。

18.【答案】 CD

【解析】AC两项，《期货从业人员执业行为准则（修订）》第三十一条规定，从业人员应当严格自律、洁身自好：（一）对机构管理人员所发出的违法违规指令，从业人员应当予以抵制，并及时按照所在机构内部程序向高级管理人员或者董事会报告；机构未妥善处理的，从业人员应当及时向中国证监会或者协会报告。从业人员发现所在机构有欺骗投资者、对市场严重不负责任等行为时，应当坚持原则，并及时向有关部门反映或举报。（二）从业人员不能片面地强调业务的发展而忽视投资者信誉，更不能从个人利益出发与投资者恶意串通。发现投资者有不诚信、违法违规的行为时，应当及时向所在机构报告，并注意防范投资者的信用风险。B项，第二十六条第五项规定，提倡同业公平竞争，严禁从业人员以排挤竞争对手为目的，低于经营成本或行业自律标准收取手续费。D项，第二十四条规定，从业人员不得迎合投资者的不合理要求，不得为了投资者利益而损害社会公共利益、所在机构的合法利益或者他人的合法权益。

19.【答案】 AB

【解析】《最高人民法院关于审理期货纠纷案件若干问题的规定》第五十六条规定，期货公司应当对客户的交易指令是否入市交易承担举证责任。确认期货公司是否将客户下达的交易指令入市交易，应当以期货交易所的交易记录、期货公司通知的交易结算结果与客户交易指令记录中的品种、买卖方向是否一致，价格、交易时间是否相符为标准，指令交易数量可以作为参考。但客户有相反证据证明其交易指令未入市交易的除外。

20.【答案】 ABC

【解析】《最高人民法院关于审理期货纠纷案件若干问题的规定》第五十八条规定，人民法院保全与会员资格相应的会员资格费或者交易席位，应当依法裁定不得转让该会员资格，但不得停止该会员交易席位的使用。人民法院在执行过程中，有权依法采取强制措施转让该交易席位。第五十九条规定，期货交易所、期货公司为债务人的，人民法院不得冻结、划拨期货公司在期货交易所或者客户在期货公司保证金账户中的资金。有证据证明该保证金账户中有超出期货公司、客户权益资金的部分，期货交易所、期货公司在人民法院指定的合理期限内不能提出相反证据的，人民法院可以依法冻结、划拨该账户中属于期货交易所、期货公司的自有资金。